Saskia Johanna Rosenow
@saskiajohanna

ANTI-ENTZÜNDUNGS-Küche

Endlich gesund & fit mit basischer Ernährung

#FOODIE

ACHTE AUF DIE ICONS IM REZEPTTEIL:

GLUTENFREI VEGETARISCH VEGAN
LOW-CARB LAKTOSEFREI

Bei einigen vegetarischen Gerichten sind in der Zutatenliste bereits vegane Alternativen genannt. Alle diese Rezepte sind dann sowohl mit (vegetarisch) als auch mit (vegan) gekennzeichnet.
Das gleiche Prinzip gilt für alle Gerichte, die Milchprodukte enthalten: Sind in der Zutatenliste laktosefreie Alternativen angegeben, sind diese Rezepte mit (laktosefrei) gekennzeichnet.

MEINE ANTI-ENTZÜNDUNGS-*Ernährung*

MEINE GESCHICHTE

Liebe Leserin, lieber Leser, ich freue mich, dass du dieses Buch in den Händen hältst. Anscheinend interessierst du dich für die Thematik rund um eine nachhaltige Gesundheit und vielleicht brennst du sogar so sehr dafür, wie ich es tue. Mein Name ist Saskia und ich möchte dir gerne meine Geschichte erzählen und zwar so, dass du nicht nur mich besser kennenlernst, sondern dir auch ein Bild von meinem Weg raus aus etlichen Beschwerden und den damit verbundenen Diagnosen machen kannst.

> ***„Gesundheit ist nicht alles, aber ohne Gesundheit ist alles nichts.“***
>
> – Arthur Schopenhauer

Dass ohne Gesundheit wirklich alles nichts (mehr) ist, musste ich bereits in meiner frühen Jugend erfahren, als ich schwer am EBV (siehe Infobox Seite 8) erkrankte. Es dauerte Monate, bis sich mein Immunsystem etwas erholt hatte und ich das Bett wieder verlassen konnte, ohne ein ständiges Schwächegefühl und einen lästigen Brainfog zu haben. Zeitgleich flammten sämtliche rezidivierende (schubweise auftretende) Entzündungen auf: Eine Blasenentzündung jagte die nächste, gefolgt von einer Nierenbeckenentzündung. Hals- und Mandelentzündungen fesselten mich immer wieder ans Bett. Ich weiß noch, dass ich in diesem ersten Jahr ganze elf Mal Antibiotika verschrieben bekam, meine ständigen Blasenentzündungen jedoch nie ganz verschwanden. Im Gegenteil, neben beginnenden Verdauungsproblemen prägten sich die brennenden Unterleibsschmerzen immer stärker aus und waren kaum mehr auszuhalten. Irgendwann verließ ich mein Zuhause immer seltener. Zahlreiche SpezialistInnen aus den unterschiedlichsten Bereichen wussten keinen Rat, auch etliche Untersuchungen ergaben keinen Hinweis auf die Ursache dieser chronisch entzündlichen Beschwerden. Ein Spezialist diagnostizierte eine Autoimmunerkrankung namens interstitielle Zystitis (chronische Entzündung der Blase), die nächste Praxis verließ ich mit der Diagnose Pudendusneuralgie (seltene chronische Schmerzerkrankung). Manche ÄrztInnen waren sich sicher, es sei alles psychosomatisch. Von anderer Seite hieß es wiederum, ich hätte eine fortgeschrittene Borreliose, welche offenbar die Ursache meiner Beschwerden sei. Es vergingen sage und schreibe ganze zehn Jahre, in denen ich zwischenzeitlich unter schweren Depressionen litt. Die chronischen Schmerzen waren nur noch unter der Einnahme von sehr starken Schmerzmitteln auszuhalten. Zu dieser Zeit galt ich aus schulmedizinischer Sicht als „austherapiert“ und so als hoffnungsloser Fall. Mir machten die Nebenwirkungen der Medikamente schwer zu schaffen und die Freude am Leben wich irgendwann gänzlich.

Der Tag, an dem ich beschlossen hatte, selbst auf Ursachensuche zu gehen, lag zu diesem Zeitpunkt schon Jahre zurück und so verbrachte ich unzählige Tage und Nächte vor dem PC, recherchierte, bestellte Bücher, suchte HeilpraktikerInnen, GeistheilerInnen, OsteopathInnen und mehr auf, verbrachte Ewigkeiten in Selbsthilfeforen und studierte alles, was bis dahin bekannt war – sowohl über die körpereigenen Abwehrkräfte als auch über EBV und andere Krankheitsauslöser. Die Begriffe „Antioxidantien", „freie Radikale" und „Übersäuerung" waren mir nicht neu. Mir wurde zunehmend bewusst, welche Wichtigkeit die Darmgesundheit im System Mensch spielte. Daher fragte ich mich, wie es wohl um meine stand, nachdem ich über Jahre hinweg Antibiotika, Antidepressiva und Medikamente eingenommen hatte, um im wahrsten Sinne zu (über-)leben.

EBV

Das **Epstein-Barr-Virus** ist der Auslöser des bekannten Pfeifferschen Drüsenfiebers und gehört zu der Familie der Herpesviren. Knapp 90 Prozent der Menschen infizieren sich im Laufe ihres Lebens mit diesem Virus, was sich unter chamäleonartigen Symptomen (z. B. verschiedenartige entzündliche Erkrankungen) bemerkbar machen kann. Heute geht die Wissenschaft übrigens davon aus, dass viele Long-Covid-Symptome gar nicht auf SARS-CoV-2 zurückgehen, sondern auf eine durch Covid-19 getriggerte Reaktivierung des EBV.[1] Gerade in solchen Fällen ist eine antientzündliche Ernährung umso wichtiger.

„DU BIST, WAS DU ISST"

Auf dieses Sprichwort bin ich im Rahmen meiner Recherchen über alternative Heilungswege gestoßen. Zugegeben, viel Kraft blieb mir nicht, darüber nachzudenken, was ich nun einkaufen, kochen und essen könnte. Ich war froh, wenn ich überhaupt Hunger hatte und die Schmerzen und die Nebenwirkungen der Medikamente diesen nicht übertönten. Ich aß bis dato also das, worauf ich Lust hatte, und hoffte dann, dass sich die Verdauungsbeschwerden in Grenzen hielten – zumal ich das Gefühl hatte, dass meine Darmtätigkeit mit der Intensität meiner Schmerzen zusammenhing. Gleichzeitig war mir bewusst, dass sich an meinem Lebensstil etwas ändern musste, wenn sich meine Gesamtsituation verbessern sollte. Ich war davon überzeugt, dass eine Regeneration, ja sogar eine Heilung möglich wäre, wenn ich doch nur wüsste, weshalb genau es mir so schlecht ging. Ich schaffte es nach und nach, neue Routinen in meinen Alltag zu integrieren: etwa täglich einen Spaziergang in der Natur zu machen, zwei Handvoll Obst und Gemüse pro Tag zu mir zu nehmen und mir morgens einen Porridge zu machen. Das tat meiner Verdauung nämlich sehr gut!

Bald fanden auch einige Mineralstoffe und Vitamine in Form von Nahrungsergänzungsmitteln Einzug in meinen Vorratsschrank. Denn nachdem ich gelesen hatte, dass Medikamente echte Nährstoffräuber sind,[2] veranlasste ich eine Mikronährstoffanalyse. Ich war nicht wirklich erschrocken, als die Ergebnisse das bestätigten, was ich befürchtet hatte.

DIE WENDE

Die Monate zogen sich dahin, bis ich aufgrund einer starken Magenschleimhautentzündung schließlich in einer Münchner Klinik für Naturheilkunde aufgenommen wurde. In diesen Wochen ging dann plötzlich alles ganz schnell, denn meine Zimmernachbarin (eine etwas ältere, sehr sympathische Dame) bekam täglich Besuch von ihrem Mann, der ein renommierter, pensionierter Gynäkologe war. Als ihm seine Frau und ich von meinen Beschwerden berichteten, riet er mir dringend zu einer Bauchspiegelung – er hätte da nämlich „so einen Verdacht". Gesagt getan – ich wollte der Sache auf den Grund gehen. Noch etwas benommen von der Narkose hörte ich die Krankenschwester nach der OP sagen, dass ich mir nun keine Sorgen mehr über meine Gesundheit machen müsste. Ein kurzer, zufälliger Blick auf die Uhr verriet mir, dass die Operation wohl doch einige Stunden gedauert haben musste, und ich fragte mich, wie die Aussage der Schwester wohl gemeint gewesen war.

Um es kurz zu machen: Nach über zehn Jahren wurde während dieser Bauchspiegelung entdeckt, dass meine Harnblase an meinem kleinen Becken angewachsen war, zudem verliefen Narbenstränge durch den gesamten Bauchraum und verformten die Harnblase und behinderten den Darm, sodass dieser bereits an der Bauchdecke anwuchs. Ärzte sprechen hierbei von sogenannten Adhäsionen (Verwachsungen), die mitunter durch Entzündungen verursacht werden und so die Organe sowohl in ihrer Funktion einschränken als auch zu massiven Nervenschmerzen führen können. Es handelt sich in gewisser Weise um entartetes Narbengewebe, das eben durch Entzündungen (= Verletzungen des Gewebes) entsteht. Aufgrund der zahlreichen und ständig wiederkehrenden massiven Entzündungen waren die Verwachsungen in meinem Bauch besonders ausgeprägt. Ich wurde vom Chirurgen darauf hingewiesen, dass es wichtig wäre, nun sämtliche Entzündungen zu vermeiden, um neue Verwachsungen zu verhindern.

MEIN NEUES LEBEN

Es dauerte zwar einige Monate, bis sich mein Schmerzgedächtnis nach der Operation erholt hatte, jedoch wurden meine Schmerzen nach und nach weniger, bis sie schließlich nahezu gänzlich verschwanden. Auch heute gibt es noch Tage, an denen ich die Narben der entfernten Verwachsungen in meinem Bauchraum spüre, aber dieser „Neuanfang" gab mir damals die Kraft, mein gesammeltes Wissen endlich in die Tat umzusetzen. Ich konnte die Schmerzmittel und die Antidepressiva nach und nach absetzten und schrieb mir einen Ernährungsplan, der aus frischen und nährstoffreichen Zutaten bestand. Ich integrierte antientzündliche und antioxidative Lebensmittel, grüne Smoothies, Säfte, frische Kräuter und Ballaststoffe in meinen Speiseplan, verzichtete konsequent auf Zucker und spürte, wie meine Verdauungsbeschwerden besser und besser wurden. In gewisser Weise begann für mich ein zweites Leben, da ich endlich wieder das tun konnte, worauf ich Lust hatte. Ich sorgte mit bisher ungeahnter Power für meinen Körper und wurde so wiederum mit noch mehr Energie und Zufriedenheit belohnt. Heute kann ich sagen, dass ich diesen langen Weg, den ich in die Eigenverantwortung gegangen bin, trotz aller Erlebnisse nicht mehr missen möchte.

DER SCHÜSSEL ZUR GESUNDHEIT

Meine Geschichte und meine Erfahrungen teilte ich auf meinem YouTube-Kanal. Nebenbei beendete ich mein Masterstudium, in dem ich als Schwerpunkt die „Psychotraumatologie" gewählt hatte (denn der Geist und das eigene Denken spielen eine absolute Schlüsselrolle im Gesundungsprozess). Im Anschluss daran absolvierte ich eine Ausbildung zur ganzheitlichen Gesundheits- und Ernährungsberaterin, was den Kreis der „Ganzheitlichkeit“ schloss. Ich hatte begriffen, dass sowohl die mentalen Aspekte (Stress, Resilienz, Trauma; Stichwort Psychoneuroimmunologie) als auch die alltäglichen Umstände wie die Art und Weise unserer Ernährung, die Konfrontation mit (Umwelt-) Giften und mehr die Gesamtheit unseres Gesundheitszustandes ergeben. Auf diesen Zusammenhang war ich zuvor von keinem und keiner der unzähligen ÄrztInnen und TherapeutInnen hingewiesen worden. Die Wichtigkeit von Ernährung und Lebensführung wurde mir also erst bewusst, als ich mich selbst eingehend damit beschäftigte.

AUF DEM WEG ZU MEHR EIGENVERANTWORTUNG

Auf meiner Reise habe ich nun beide Seiten erfahren dürfen, zumal ich lange die Patientin war, die alles am eigenen Leibe erfahren hat. Andererseits bin ich nun diejenige, die seit einigen Jahren ihre AbonnentInnen und LeserInnen dazu ermutigt, selbst aktiv zu werden und die eigene Lebensführung in ihrer Gesamtheit zu überdenken. Die hier gebündelten Informationen, verpackt in die Anti-Entzündungs-Formel, gaben mir die Chance, mit neuer Power zurück ins Leben zu finden. Ich habe erkannt, dass eine gesunde, ausgewogene, aber vor allem basenüberschüssige und antientzündliche Ernährung die absolute Basis zur Prävention sämtlicher gesundheitlicher Beschwerden ist. Deshalb nehme ich dich mit diesem Buch an die Hand und ermögliche dir den Einstieg in einen neuen Lebensabschnitt. Die Anti-Entzündungs-Formel ist aber nicht nur eine einfache Methode, um mit einem neuen Lebensgefühl durchzustarten, sondern auch ein verlässlicher und bewährter Ratgeber zur Selbsthilfe, denn: EIGENVERANTWORTUNG wird heute großgeschrieben.

DIAGNOSE: ENTZÜNDUNG

Mir ist sehr wichtig darauf hinzuweisen, dass etliche (Zivilisations-)Krankheiten nur deshalb entstehen, weil in unserem Körper Entzündungsherde unbemerkt schwelen. So wissen wir, dass Allergien, Magen-, Darm- oder Schilddrüsenerkrankungen und andere diverse Krankheitsbilder ihren Ursprung in entzündlichen Prozessen haben und immer häufiger auftreten. Die gute Nachricht: Wir können sowohl die Entzündungsprävention als auch schon bestehende Entzündungen aktiv beeinflussen. So fördern bestimmte Nahrungsmittel wie Zucker, Konservierungs- und Zusatzstoffe und viel Billigfleisch (säurebildend) Entzündungen.

Lass uns also einmal ausführlich über eine antientzündliche Ernährung sprechen, damit du von nun an ein Leben lang davon profitieren kannst. Denn du wirst mit mehr Energie und nachhaltiger Beschwerdefreiheit belohnt werden! Damit du dir einen Überblick verschaffen kannst, wie (anti-)entzündlich dein derzeitiger Ernährungsstil ist, findest du im Teil „Der individuelle Ernährungs-Check" (Seite 15) einige Informationen, mit denen ich mich damals leider erst viel zu spät auseinandergesetzt habe.

Um die Kontrolle über entzündliche Beschwerden zurückzuerlangen oder um es erst gar nicht dazu kommen zu lassen, sollst du verstehen, wie Entzündungen eigentlich entstehen, welche Faktoren maßgeblich daran beteiligt sind und wieso ein Entzündungsprozess im Prinzip nur eine natürliche Reaktion unseres Körpers ist. Um es an dieser Stelle zu spezifizieren: Zu entzündlichen Erkrankungen gehören Arthritis, Gicht, aber auch Gefäßerkrankungen wie Rheuma oder die Bindegewebserkrankung Lupus, entzündliche Darmerkrankungen wie Morbus Crohn und Colitis ulcerosa sowie Multiple Sklerose, Psoriasis, Parodontitis oder Neurodermitis. Die Liste ist lang und Fakt ist, dass eine Vielzahl an chronischen Beschwerden auf Entzündungen zurückzuführen ist. Also beschäftigen wir uns zunächst mit der grundlegenden Frage: Wodurch entstehen Entzündungen eigentlich?

WODURCH ENTSTEHEN ENTZÜNDUNGEN?

Entzündungen können sehr vielfältige Ursachen haben, oftmals spielen mehrere Faktoren mit hinein. So können Infektionen, ausgelöst durch Bakterien oder durch Viren, als Hauptauslöser in Betracht gezogen werden, aber auch andere Pathogene (Krankmacher) wie Pilze oder Parasiten. Unspezifische Faktoren wie Fremdkörper, Partikel, physikalische Reize wie Hitze oder schädigende Moleküle und Substanzen können das Gewebe reizen und dort ebenso zu einer Entzündung führen. In der Regel stellen diese Dinge für unseren Körper keine ernsthafte Bedrohung dar, denn schließlich haben wir genau für solche Fälle unser angeborenes wie auch unser erworbenes Immunsystem. Es wird bei einem der genannten Reize sofort aktiviert und leitet alle nötigen Reaktionen ein, sodass die betroffene Stelle reguliert wird, die Entzündung abklingen kann und sich nicht manifestiert. Leider ist dieses „Sich-Manifestieren" von (stillen) Entzündungen im Körper sehr weit verbreitet, weshalb es schlussendlich zu den vielfältigsten Erkrankungen kommt, die allesamt einer nicht ausgeheilten Entzündung entspringen. Aber woran genau liegt das?

Ich möchte die Macht einer entzündlichen Ernährung verdeutlichen, die unser Immunsystem so stark belastet, dass es bei seiner Aufgabe, Entzündungen zu hemmen, zunehmend versagt. Inzwischen ist bekannt, dass der alltägliche Verzehr von kurzkettigen Kohlenhydraten wie Weißmehl, verarbeiteten Milchprodukten und Süßigkeiten sowie ein Mangel an Nährstoffen durch eine unausgewogene Ernährung nachweislich direkte Wegbereiter für entzündliche Reaktionen sind. Dies rührt daher, dass eine unausgewogene Ernährung zum einen den Darm belastet, in dem unsere Abwehrkräfte zu Hause sind, zum anderen dazu führt, dass wir einen sehr hohen Anteil an Omega-6-Fettsäuren im Körper anhäufen. Ein unausgewogenes Fettsäurenverhältnis ist (neben der Übersäuerung, die übrigens auch durch Stress entsteht) einer der größten Risikofaktoren für das Entstehen von Entzündungsprozessen.

DAS PROBLEM MIT DEN OMEGA-6-FETTSÄUREN

Vorab ist es wichtig, zu erwähnen, dass Omega-6-Fettsäuren auf keinen Fall nur schlecht sind und nur Nachteile mit sich bringen. Unser Körper ist durchaus auf sie angewiesen. Sie spielen sogar eine wichtige Rolle beim Aufbau und beim Erhalt der Flexibilität der Zellmembranen im Körper, außerdem versorgen sie die Zellen mit Sauerstoff und übernehmen als Vorläufer bestimmter Botenstoffe wichtige Funktionen bei der Regulation des Blutdrucks und der Vermittlung von Entzündungsreaktionen. Aber: Der alles entscheidende Punkt ist, dass ein Übermaß an Omega-6-Fettsäuren diese positiven Eigenschaften schnell ins Gegenteil verkehrt. Hier gilt: Die Dosis macht das Gift.

Die Omega-6-Fettsäuren, die wir täglich aufnehmen, stehen in einem Verhältnis zu den Omega-3-Fettsäuren. Diese wurden in den letzten Jahrzehnten immer seltenerer Bestandteil unserer Nahrung, da die Qualität der Lebensmittel abnimmt (zudem sind unsere Lebensmittel meist stark verarbeitet und weisen neben Omega-6-Fettsäuren auch haufenweise künstliche Zusatz- und Konservierungsstoffe auf). Omega-3-Fettsäuren sind enthalten in Fisch und Algen, in Leinöl, in einigen wenigen Gemüsesorten (z. B. Avocado, Rosenkohl und Spinat) und in Nüssen und Samen. Der übermäßige Konsum von tierischen Produkten wie Fleisch und Milcherzeugnissen, aber auch Omega-6-Fetten in Sonnenblumenöl oder Margarine ist hingegen zum Alltag geworden. Aber weshalb genau sind Omega-3-Fettsäuren denn nun so wichtig? Sie werden im Körper in hormonähnliche Substanzen umgewandelt, die als Botenstoffe fungieren und entzündungshemmend wirken. Es sollte unbedingt auf ein ausgeglichenes Verhältnis zwischen Omega-3- und Omega-6-Fettsäuren geachtet werden.

OMEGA-3-FETTSÄUREN

Die wertvollen Omega-3-Fettsäuren unterteilen sich wiederum in ALA (Alpha-Linolensäure), EPA (Eicosapentaensäure) und DHA (Docosahexaensäure). Dabei ist zu beachten, dass ALA essenziell ist, das heißt, unser Körper ist auf ihre Zufuhr von außen angewiesen, da er sie nicht selbst herstellen kann. ALA ist unter anderem in Leinsamen und ihrem Öl sowie in Walnüssen enthalten. EPA und DHA sind semiessenziell, sie können zum Teil von unserem Körper produziert werden, und stecken in Fisch(-ölen) und Algen(-ölen).

Nun ist es so, dass unser Körper ALA prinzipiell in die anderen beiden Formen umwandeln kann, jedoch nur zu einem geringen Prozentsatz (5–10 Prozent[3]). Um den täglichen Bedarf zu decken, müsstest du ganze 100 ml Leinöl oder 500 g Walnüsse zu dir nehmen. Generell ist es wichtig, dass unser Körper mit ausreichend EPA und DHA versorgt ist, um Entzündungen erfolgreich entgegenzuwirken – und das rund um die Uhr. Du solltest also auf eine regelmäßige Zufuhr achten. Die metaphorische Waage deiner Ernährung sollte also immer zugunsten der Omega-3-Fettsäuren ausschlagen, die Omega-6-Fettsäuren sollten weniger ins Gewicht fallen.

Zu den Folgen eines Omega-3-Mangels gehören im Übrigen unter vielen anderen Depressionen, Alzheimer, Parkinson oder ADHS, aber auch langsam einsetzende Entzündungen (die dann chronisch werden und sogar in einer Autoimmunerkrankung enden können). Weitere Faktoren, die (stille) Entzündungen im Körper auslösen und stark beeinflussen können, sind (chronischer) Stress, deutlicher Bewegungsmangel und vor allem der körpereigene Säure-Basen-Haushalt. Über diesen wirst du im Folgenden noch einiges erfahren (siehe Seite 34). Eine bestehende Übersäuerung überlastet nicht nur unseren Organismus, sie verhindert auch eine Regeneration.

5 ANZEICHEN EINER STILLEN ENTZÜNDUNG

1. Eine ungewöhnliche und auch oft anhaltende Müdigkeit bzw. Antriebslosigkeit: Unser Körper befindet sich im „Kampfmodus" und verbraucht dementsprechend viel Energie, die uns so anderswo fehlt.

2. Eine höhere Infektanfälligkeit: Das Immunsystem wird durch die entzündlichen Prozesse angegriffen und andere Erreger können kaum eliminiert werden.

3. Nahrungsmittelunverträglichkeiten und Verdauungsbeschwerden: Entzündungsbotenstoffe schwächen die Darmflora (im Darm sitzt unser Immunsystem). Da sich Darmgesundheit und entzündliche Prozesse wechselseitig beeinflussen, ist es schwierig herauszufinden, ob nun „die Henne oder das Ei" den Anfang machte. Fest steht: Eine intakte Darmflora ist bei bestehenden Entzündungen das A und O, um wieder gesund zu werden.

4. Schlechter Schlaf und Schlafstörungen: Botenstoffe, die die Kommunikation zwischen Gehirn und Abwehrkräften steuern, werden vermehrt ausgeschüttet, was nicht nur zu einer ungewöhnlichen Erschöpfung beitragen kann, sondern sich auch durch Schlafstörungen äußert.

5. Nachtschweiß: Entzündungen führen zu einer übermäßigen Wärmeproduktion, welche durch zusätzliche Schweißproduktion kompensiert wird, um den Körper zu kühlen.

DER INDIVIDUELLE ERNÄHRUNGS-CHECK

Erfahre in diesem Kapitel, wie antientzündlich oder auch entzündlich deine eigenen Ernährungsgewohnheiten sind und wie du sie gestalten kannst, um Entzündungen vorzubeugen oder abzubauen.

WIE SIEHT DEIN FETTKONSUM AUS?

„Fette machen dick, fördern Entzündungen und schädigen die Gefäße" oder „Fett macht fett!" – wie oft hast du diese oder ähnliche Sätze bereits gelesen oder gehört? Leider wird Fett häufig als gefährlich betitelt. Es ist allerdings Fakt, dass Säugetiere (und darunter fallen auch wir Menschen) einen gewissen Fettanteil in der täglichen Nahrung brauchen. Es kommt nur darauf an, die richtigen Fette zu wählen. Um festzustellen, wie (anti-)entzündlich dein eigener Ernährungsstil ist, wäre es daher zunächst wichtig, sich einmal selbst zu fragen: „Ist mir der Unterschied zwischen guten, förderlichen Fetten und krankmachenden Fetten, die früher oder später zu Gefäßablagerungen führen und potenziell entzündungsfördernd sind, bekannt?"

Ich möchte dich gerne in die Welt der Fette entführen und dir erklären, wie und auch weshalb man dabei unbedingt differenzieren sollte, um von ihren gesundheitsfördernden Eigenschaften zu profitieren und ohne schlechtes Gewissen leckeres Essen genießen zu können. Es lohnt sich einmal genauer hinzuschauen und festzustellen, dass nicht alle Fette „schlecht" sind! Sogar das Gegenteil ist der Fall: Hochwertige Fette sind ein unerlässlicher Bestandteil einer ausgewogenen und gesunden Ernährung.

FETTE SIND WICHTIG

Hochwertige Fette sind von großer Bedeutung für unsere Zellen, denn sie haben zum einen eine aufbauende Funktion und sind so maßgeblich am Wachstum von neuen Zellen beteiligt. Zum anderen sorgen sie für die Regeneration der Zellen. Ohne sie würden wir also definitiv nicht existieren können. Hinzu kommt, dass unser Körper gespeicherte Fette als Energiereserven verwendet, wodurch wir mehrere Wochen ohne Nahrung auskommen können (nicht jedoch ohne Wasser). Und gute Fette sind für die Aufnahme diverser fettlöslicher Vitamine (Vitamine A, D, E und K) wichtig, können sich positiv auf den Cholesterinspiegel auswirken und beeinflussen so schließlich unser Immunsystem.

Neben der Differenzierung von tierischen und pflanzlichen Fetten unterscheiden wir zudem zwischen einfach ungesättigten, mehrfach ungesättigten und gesättigten Fettsäuren (Fettsäuren sind Bestandteile von natürlichen Fetten). So kommen **gesättigte Fettsäuren** etwa in Fisch, Milch und Fleisch vor. **Einfach ungesättigte Fettsäuren** hingegen stecken sowohl in tierischen Produkten als auch in pflanzlichen (etwa in Olivenöl). **Mehrfach ungesättigte Fettsäuren** sind schließlich überwiegend in pflanzlichen Quellen zu finden. Interessant ist auch, dass sie sogar in Gemüse und Früchten vorkommen, hättest du das gedacht?

Mehrfach ungesättigte Fettsäuren sind (zumeist) essenziell. Die Bestandteile der gesättigten Fette kann der Körper hingegen auch selbst bilden, weshalb er sie in Fettdepots speichert, wenn sie über die Nahrung im Übermaß aufgenommen werden. Hier stimmt die Aussage, dass Fett wirklich fett macht. Der Trick im Umgang mit Fetten ist eben, gesunde Fette zu finden und sie in Maßen zu konsumieren.

Gesättigte Fettsäuren machen also wirklich fett? Na ja, bedingt! Denn nur, wenn sie im Übermaß verzehrt werden, werden sie als Fettdepot gespeichert und sind potenziell entzündungsfördernd (auch hier ist zu beachten, inwiefern das jeweilige Lebensmittel verarbeitet wurde). Da sie in Maßen verzehrt durchaus eine wichtige Aufgabe haben, stehen sie zwar auch künftig auf unserem Speiseplan, in der Anti-Entzündungs-Küche jedoch sehr weit unten. Eine wichtige Aufgabe, die gesättigte Fettsäuren übernehmen, ist neben dem Liefern von Energie der Aufbau der Biomembran, der Schutzwand unserer Zellen. Sie finden sich übrigens in allen tierischen Lebensmitteln, aber auch von festen pflanzlichen Fetten sind sie ein Anteil.

HIERIN SIND VIEL „SCHLECHTE" GESÄTTIGTE FETTSÄUREN ENTHALTEN:

- **Convenience- und Fast Food** (Pizza, Burger, Fischstäbchen etc.)
- **Backwaren** (Gebäck, Fertigkuchen, Kekse etc.)
- **Mayonnaise**
- **verarbeitete Milchprodukte** (z.B. Sahne)
- **Frittiertes** (Pommes frites und Co.)
- **verarbeitete Fleischwaren** (Wurst, Schinken etc.)

KÜNSTLICHE TRANSFETTE

Prinzipiell enthalten vor allem industriell hergestellte (also künstliche) Lebensmittel wie Pommes frites, Chips und Co. sehr viele sogenannte Transfette oder Trans-Fettsäuren, weshalb sie möglichst gemieden oder zumindest stark reduziert werden sollten. Denn künstlich gehärtete Fette stehen einerseits im Verdacht, an gesundheitsgefährdenden Ablagerungen in den Blutgefäßen beteiligt zu sein. Andererseits gelten sie als hochgradig entzündungsfördernd, da sie entzündliche Prozesse im Körper durch ihre unnatürliche Struktur befeuern.
Leider sind industrielle Transfette heute in vielen verarbeiteten Produkten enthalten wie in Backwaren, Fertigsuppen, Wurstwaren, gehärteten Pflanzenfetten, Margarine und vielen mehr.
Aber auch hier ist es wichtig zu differenzieren: So unterscheiden sich industrielle Transfette von natürlich vorkommenden. Künstliche Transfette entstehen durch einen industriellen Prozess (Raffination), der das Produkt in gewisser Weise toxisch werden lässt. Natürliche Transfette werden dagegen von uns anders verstoffwechselt und kommen zudem nur in geringen Mengen im jeweiligen Lebensmittel vor. Sie finden sich etwa in naturbelassenen Milchprodukten oder unverarbeitetem Fleisch. Pauschalisierend zu behaupten, alle Transfette seien schlecht und gesundheitsschädlich, wäre hier schlicht und

ergreifend nicht ganz richtig. Merke dir an dieser Stelle einfach: Je natürlicher, unverarbeiteter und naturbelassener ein Produkt ist, desto besser.

WELCHE FETTE SIND DENN NUN GUT?

Tatsächlich haben alle Fettsäuren ihre Aufgaben im Körper. Besonders sind wir natürlich auf die essenziellen angewiesen. Im Bereich der Ernährung lassen sich viele Dingen nicht verallgemeinern. Selten gibt es ein eindeutiges Ja oder Nein und ein Richtig oder Falsch. Wäre die Ernährung sonst eine Wissenschaft?

Was aber durchaus feststeht, ist: Künstliche Transfette sind, wo es nur geht, zu meiden! Sie sind der schwarze Peter unter allen Fettsäuren und bereichern uns in keiner Weise, sie belasten unseren Körper ausschließlich und enorm. Dieser hat nämlich Schwierigkeiten, künstliche Trans-Fettsäuren zu erkennen, und verwendet sie zum Aufbau von Zellen, was einen gravierenden Nachteil für uns und unsere Gesundheit darstellt. Allen voran für die unserer Leber, denn so werden Entzündungsprozesse im Körper entfacht und gefördert. Die Zellmembranen werden mit der Zeit unbeweglich und der Weg für etliche Krankheiten wird bereitet. Auf Verpackungen sind Transfette meist unter der Bezeichnung „(teilweise) gehärtete Fette“ zu erkennen. Für einen achtsamen und gesunden Fettkonsum versuche ich dir an den folgenden Beispielen zu erklären, worauf es ankommt und wo der scheinbare kleine, aber feine, in Wirklichkeit aber gravierende Unterschied liegt.

Für mich sind nicht Fette an sich das Problem, sondern ihre Manipulation. Natürliche Fettquellen werden zunehmend verfremdet. Um Pflanzenöle zu gewinnen, werden die jeweiligen Pflanzensamen gepresst. Wie viele Samen würden wir aber täglich zu uns nehmen? Sicherlich nicht so viele, wie wir sie in Form von ihren Ölen verwenden. Wir setzen diese aber reichlich zum Kochen, Backen, Braten und Verfeinern ein. Hinzu kommt, dass Öle oft raffiniert werden. Dabei werden Pigmente, Geruchs-, Geschmacks- und Bitterstoffe herausgefiltert, um das fertige Produkt einerseits haltbarer und andererseits optisch ansprechender zu gestalten. Manche Öle werden zudem gehärtet, um Fette wie Margarine zu gewinnen, wodurch aber die Fettstruktur so verändert wird, dass aus den einstigen natürlichen und gesunden Ölen nun toxische Transfette werden. Zum einen macht also die Menge das Gift und zum anderen ist es entscheidend, in welcher Form wir Öle und Fette zu uns nehmen.

STELLE DIR FOLGENDE FRAGEN:

- **Welchen Prozess der Verarbeitung durchlief das Öl oder Fett, das ich essen möchte?**
- **Wie naturbelassen ist das Endprodukt noch?**
- **Wurde es erhitzt, sodass es zu einer toxischen Oxidation kommen konnte, oder handelt es sich um ein kalt gepresstes natives Öl?**
- **Konsumiere ich es in Maßen?**
- **Bei einem tierischen Produkt zudem: Wie wurden die Tiere gehalten und gefüttert?**

Ein Beispiel: Du bist auf der Suche nach einer guten Butter oder Alternative dazu und hast die Wahl zwischen Margarine, konventioneller Butter und einer Bio-Butter vom Weiderind. Beantworten wir also die oben genannten Fragen und sehen wir uns die Margarine einmal genauer an: Leider wird es absolut nicht transparent kommuniziert, aber die klassische Margarine besteht immer aus einer Reihe von verschiedenen Pflanzenölen (und ggf. Molke), die hochgradig verarbeitet wurden, sodass eine streichfähige Konsistenz erreicht wird. Das ist der klassische Raffinierungs- und Härtungsprozess. Wie bereits erläutert, entstehen bei diesen Prozessen jedoch problematische Stoffe (z. B. Transfette), weshalb Margarine daher ein hoch verarbeitetes Produkt darstellt, von dem wir unserer Gesundheit zuliebe deutlich Abstand nehmen sollen.

Als nächstes prüfen wir die konventionelle Butter anhand der oben genannten Fragen: Bei Butter aus dem Supermarktregal handelt es sich fast immer um ein pasteurisiertes (= kurzzeitig erhitztes) Produkt aus Milch von Kühen, die mit Kraftfutter (heute oftmals überwiegend Soja) gemästet werden und kaum Bewegung bekommen. Die konventionelle Supermarktbutter weist daher einerseits kein ausgewogenes Fettsäureverhältnis auf, andererseits könnte man sie (so drastisch es klingen mag) inzwischen als manipuliertes Naturprodukt betiteln. Testungen ergaben zudem, dass viele Produkte mit Mineralöl verunreinigt sind.[4]

Ziehen wir nun die letzte Möglichkeit der biologischen Butter vom Weiderind heran. Hier grasen die Kühe und nehmen Bitterstoffe und natürliche Mineral- und Nährstoffe auf, die in den frischen Kräutern und Gräsern enthalten sind. Durch die Haltung und Fütterung der Tiere weist diese Butter ein völlig anderes Fettsäureprofil auf als eine konventionelle Butter. Zudem besteht im Gegensatz zur konventionellen Butter keine Gefahr, dass sie mit einem Farbstoff (E 160a) eingefärbt wurde.

Für welche der drei Beispiele würdest du dich also mit gutem Gewissen entscheiden? Fest steht: Die beiden letzten Beispiele sind in der Kategorie Butter zu finden. Blickt man jedoch genauer hin, sind es zwei völlig verschiedene Produkte mit einer noch unterschiedlicheren Auswirkung auf unseren Körper, da sich nicht nur ihr Fettsäureprofil stark unterscheidet, sondern auch die Herkunft der Bestandteile völlig unterschiedlich ist. Würdest du selbst gentechnisch veränderte Soja- und Maispellets als Futterquelle oder lieber natürliche Gräser und Kräuter bevorzugen? So wie für uns Menschen ist auch bei Tieren die Ernährung sehr ausschlaggebend. Wenn du also tierische Produkte konsumierst, achte unbedingt auf die Qualität.

Fazit: Je natürlicher, unverarbeiteter und naturbelassener ein Produkt ist, desto besser. Du kannst immer davon ausgehen, dass naturbelassene Fettquellen von deinem Körper besser verwertet werden und dir so zugutekommen. Wenn du diese zudem in Maßen konsumierst, bist du auf der sicheren Seite.

WELCHE ÖLE DÜRFEN ES IN DER KÜCHE SEIN?

Werfen wir nun noch einen kurzen Blick in die Küche: Sehr oft werde ich gefragt, welche Öle man guten Gewissens zum Braten verwenden könne. Ich persönlich vermeide sowohl Sonnenblumenöl (Hoher Omega-6-Gehalt) als auch Rapsöl (hohe gentechnische Modifikation) und verwende stets natives, kalt gepresstes Kokosöl. Beachte jedoch, dass viele Öle als „kalt gepresst" deklariert werden und trotzdem den Prozess des Desodorierens durchliefen, bei dem sie mit heißem Wasserdampf behandelt werden, und Temperaturen von bis zu 200 °C ausgesetzt waren. Das macht die Vorteile der Kaltpressung zunichte.

Häufig kommt bei mir aber auch hochwertigstes natives, biologisches Olivenöl zum Einsatz, allerdings nur dann, wenn ich etwas bei schwacher Hitze andünste. Zum Braten eignen sich eigentlich alle Fette aus gesättigten Fettsäuren – auch Butterschmalz (Ghee) bietet sich (in Maßen) sehr gut dafür an. In der folgenden Übersicht erfährst du, welche Öle sich wann und wofür eignen.

Kürbiskern-, Lein- und Nussöl
Diese Öle sollten nicht erhitzt werden und eignen sich für Salatdressings und generell für alle kalten Gerichte.

Olivenöl
Bei mittleren Temperaturen (bis 180 °C) kann Olivenöl zum Einsatz kommen. Es ist reich an Polyphenolen, Vitamin E und den wertvollen einfach ungesättigten Fettsäuren und ist geeignet zur schonenden Zubereitung von Gemüse, Fisch und auch Fleisch, das nicht scharf angebraten werden muss.

Kokos- und Avocadoöl

Diese beiden Öle sind auch bei höheren Temperaturen geeignet. Der Rauchpunkt (ab dem das Öl beginnt zu rauchen und nicht mehr verwendet werden sollte) von Kokosöl liegt bei etwa 200 °C, der von Avocadöl bei 250 °C.

Ghee

Auch mit Ghee kannst du bei hohen Temperaturen von bis zu 230 °C arbeiten. Es enthält die wertvollen Vitamine A, E und K und außerdem Linolsäure.

FAUSTREGEL FETTKONSUM

Wie viel Fett darf es aber sein? Du kannst dich dafür an einer einfachen Regel orientieren: 0,7–1 g Fett pro Kilogramm Körpergewicht. Das bedeutet konkret, dass du, wenn du beispielsweise 60 kg wiegst, täglich bis zu 60 g Fett zu dir nehmen kannst. Beachte dabei, dass du von deinem Normal- und nicht von deinem Realgewicht ausgehst. Solltest du beispielsweise 100 kg wiegen, so ist es nicht ratsam, automatisch auch 100 g Fett zu dir zu nehmen. Berechne stattdessen deinen idealen BMI (Body-Mass-Index) und gehe von diesem Normalgewicht aus.

Diese Faustregel soll dir aber lediglich als Orientierungshilfe dienen. Die empfohlene Fettzufuhr ist sehr individuell und richtet sich nach deinen aktuellen Lebensumständen (Schwangerschaft, Muskelaufbau, Fettabbau etc.), weshalb ich als Ernährungsberaterin immer sage: weniger statt mehr und dafür aus guter und hochwertiger Quelle.

AUGEN AUF BEI DER ÖLWAHL

Inzwischen sind viele vegane Lebensmittel, allen voran süße Produkte wie vermeintlich gesunde Schokoriegel und Co., mit Sonnenblumenöl versetzt. Und auch Milchalternativen wie Hafer- und Sojamilch wird leider Sonnenblumenöl beigefügt. Ich sage leider, denn dies hat folgenden Nachteil: Das Sonnenblumenöl enthält sowohl Omega-3- als auch Omega-6-Fettsäuren, allerdings in einem Verhältnis von 1:120. Es ist deshalb sehr ungeeignet für den regelmäßigen Verzehr. Auch weil gerade dieses Öl gerne zum Kochen verwendet wird, betone ich das an dieser Stelle so und möchte dir gesunde Alternativen aufzeigen (die unten angegebenen Verhältnisse können je nach verwendeten Rohstoffen auch variieren).

ÖLE MIT GÜNSTIGEM FETTSÄURENVERHÄLTNIS:

- **Leinöl (Omega 3 zu 6 – 4:1)**
- **Kokosöl (Omega 3 zu 6 – 1:2)**
- **Rapsöl (Omega 3 zu 6 – 1:2)**
- **Hanföl (Omega 3 zu 6 – 1:3)**
- **Walnussöl (Omega 3 zu 6 – 1:6)**

Das ebenso beliebte Olivenöl hat mit einem Verhältnis von etwa 1:12 ein nicht ganz so gutes Fettsäurenverhältnis. Hier gilt aber wie so oft: Ausnahmen bestätigen die Regel. Denn da Olivenöl mit vielen Antioxidantien (siehe Seite 25) punkten kann, ist es aus der Anti-Entzündungs-Küche nicht wegzudenken.

KENNST DU DIE VERSCHIEDENEN KOHLENHYDRATARTEN?

Kohlenhydrate werden leider häufig verteufelt und in die Kategorie „Dickmacher“ eingeordnet.

Dabei ist auch hier wieder wichtig, erst einmal zu verstehen, dass es verschiedene Arten von Kohlenhydraten gibt. Zum einen wären hier die kurzkettigen Kohlenhydrate, zum anderen die langkettigen zu nennen. Bei den kurzkettigen handelt es sich um Einfachzucker (Monosaccharide). Langkettigen sind dagegen Mehrfachzucker (Oligosaccharide bzw. Polysaccharide). Genauer genommen gibt es sogar noch eine dritte Gruppe: die Zweifachzucker (Disaccharide). Unbestritten ist, dass Kohlenhydrate Energielieferanten sind. Sicher ist auch, dass wir Energie zum Leben brauchen. Wie langfristig Energie zur Verfügung gestellt wird, hängt aber stark von der Qualität der zugeführten Kohlenhydrate ab: Kurzkettige Kohlenhydrate liefern unserem Körper nur für kurze Zeit Energie, langkettige tun dies langfristiger. Daher sind letztere auch vorzuziehen.

Da Kohlenhydrate relativ schnell über das Blut in die Zellen gelangen und diese mit Energie versorgen, haben Menschen, die sich nach einer Low-Carb-Diät ernähren, oft Probleme mit Antriebslosigkeit und Müdigkeit. Ihnen fehlt die Energie. Kohlenhydrate mit sehr kurzen Molekülketten (kurzkettige Kohlenhydrate) werden zwar schnell gespalten und aufgenommen und geben den Zellen so einen kurzfristigen Energiekick, sie lassen aber auch den Blutzuckerspiegel entsprechend rasant und stark ansteigen. Das Problem: Ein schnell steigender Blutzuckerspiegel fällt auch schnell wieder ab, da der Körper ihn nicht ohne weitere Kohlenhydrataufnahme aufrechterhalten kann. Um starke Schwankungen des Blutzuckerspiegels zu vermeiden, kann der Körper mit Heißhungerattacken auf Fast Food, Süßigkeiten oder Weizenprodukte reagieren. Auch schüttet unsere Bauchspeicheldrüse bei steigendem Blutzuckerspiegel Insulin aus. Schwankt der Blutzuckerspiegel oder ist er oft nur für kurze Zeit sehr hoch, kann sich die sogenannte Insulinresistenz entwickeln. Dies ist eine sehr häufige Störung des Kohlenhydratstoffwechsels, die relativ schnell nach ihrem Vorkommen zu (schwerwiegenden) gesundheitlichen Problemen

LANGKETTIGE KOHLENHYDRATE:

- **Äpfel, Birnen, Beeren etc.**
- **Bohnen**
- **Erbsen**
- **Haferflocken**
- **Hülsenfrüchte**
- **Kartoffeln**
- **Kürbis**
- **Linsen**
- **Nüsse und Samen**
- **Vollkornprodukte** (auch Vollkornreis)

KURZKETTIGE KOHLENHYDRATE:

- **Chips**
- **Fast Food** (Pizza, Burger etc.)
- **gesüßte Säfte**
- **industriell verarbeitete Produkte** (Brotaufstriche etc.)
- **Konfitüren und Marmeladen**
- **süße Müsliriegel**
- **Süßigkeiten**
- **verarbeitete Weißmehlprodukte**
- **Zucker, Honig, Maissirup etc.**

wie Typ-2-Diabetes, Bluthochdruck, Fettleibigkeit und hormonellen Störungen führen kann. Sobald eine Insulinresistenz besteht, werden die Körperzellen in gewisser Weise immun gegen den Botenstoff Insulin und reagieren nicht mehr auf ihn, was wiederum dazu führt, dass der Körper (aufgrund der kompensatorischen Veranlagung) noch mehr Insulin produziert. Dies führt zwar zu einem hohen Insulinspiegel im Blut (Hyperinsulinämie), allerdings wird der Blutzuckerspiegel dadurch nicht wirklich gesenkt und der Teufelskreis nimmt seinen Lauf. Zudem stehen Entzündungsmediatoren inzwischen stark im Verdacht, eine bestehende Insulinresistenz zu verstärken. An dieser Stelle kommt die Leber ins Spiel, denn sie versucht dieses wahnsinnige Überangebot von Zucker aus dem Blut zu filtern und lagert ihn in Fettdepots ab. So wird der Weg für eine Fettleber bereitet. Auch eine konstante Gewichtszunahme folgt relativ rasant.

Und das alles nur wegen ein paar „schlechten" Kohlenhydraten? Nun, ganz so dramatisch ist es nicht. In Maßen genossen, kann der Körper die kurzkettigen Kohlenhydrate verkraften. Warum solltest du aber überhaupt zu ihnen greifen, wenn es leckere, gesunde Kohlenhydrate gibt? Warum nicht auf Linsen, Erbsen oder Vollkornprodukte zurückgreifen statt auf eine Fertigpizza, die die Leber stark belastet und deinen Körper nach dem Verzehr vorgaukelt, du hättest noch nichts gegessen? Es lohnt sich, die eigene Ernährung genau zu betrachten, Lebensmittelquellen zu analysieren und zu differenzieren.

WUNDERWAFFE BALLASTSTOFFE

In der Regel gehen komplexe (langkettige) Kohlenhydrate mit einer gewissen Menge an Ballaststoffen einher. Giftstoffe, die in die Leber gelangen und unseren Darm belasten würden, werden durch Ballast- oder andere Faserstoffe im Darm gebunden. Auch wird die Passage der Nahrung durch den Verdauungstrakt beschleunigt. Schadstoffe (gebunden im Kot) werden schnell ausgeschieden, was sehr förderlich für ein gesundes Mikrobiom (=Darmflora) ist. Immerhin sitzen bis zu 80 Prozent unseres Immunsystems im Darm und sowohl unsere angeborenen als auch unsere erworbenen Abwehrkräfte sind dafür zuständig, Entzündungen in Schach zu halten und zu regulieren.

KONSUMIERST DU „GESUNDEN" FRUCHTZUCKER?

Als ganzheitliche Ernährungsberaterin würde ich mich freuen, wenn die Menschen, die über gesunde Ernährung philosophieren, aufhörten, in Schwarz-Weiß-Kategorien zu denken. Es gilt immer zu unterscheiden! Wie wir gesehen haben, ist Butter nicht gleich Butter und man kann nicht pauschal sagen, ob ihr Konsum gesund oder ungesund ist. Dasselbe ist bei Kohlenhydraten, Eiweißen, Fetten und eben auch bei Zucker der Fall. So ist die industriell hergestellte, isolierte Fructose definitiv nicht mit dem in Früchten und Obst natürlich vorkommenden Fruchtzucker zu vergleichen. Also ist Fruchtzucker auch nicht gleich Fruchtzucker.

Damit kein falscher Eindruck entsteht: Es gibt durchaus Dinge, bei denen sich die Wissenschaft einig ist und die gerade bei (chronischen) entzündlichen Prozessen zu beachten sind. Neben dem Vermeiden von künstlichen Transfetten und Haushaltszucker gibt es einige weitere Punkte, die eine Anti-Entzündungs-Küche ausmachen und deren positive Wirkung auch sicher belegt ist (mehr dazu ab Seite 26).

INDUSTRIELLE VS. NATÜRLICHE FRUCTOSE

Fruchtzucker wird, wenn wir ihn mit Glucose (ein Einfachzucker; siehe Seite 21) vergleichen, im Dünndarm langsamer resorbiert als der künstlich hergestellte Haushaltszucker, der übrigens zu einem Teil auch aus Fruchtzucker besteht. Außerdem erkennt unser Körper, genauer die Leber, um welche Art von Zucker es sich handelt. Eine Insulinausschüttung findet bei der Aufnahme von natürlich vorkommender Fructose entsprechend nicht oder kaum statt, insofern diese mit der Aufnahme von Ballaststoffen einhergeht (z. B. über Äpfel, Beeren, Bananen).

Industriell hergestellte Fructose wird dagegen in der Leber um einiges schneller zu Glucose umgewandelt und auch anders verstoffwechselt. Das liegt an der Art und Weise, wie die Fructose dem Körper zugeführt wird. Wird sie zusammen mit Ballaststoffen aufgenommen oder in Reinform (z. B. in Obstsäften)? Wird künstlich hergestellte isolierte Fructose verzehrt (z. B. in Süßigkeiten, Sirup etc.)? Leider zeigt der Trend der letzten Jahrzehnte, dass der Markt mit Fertigprodukten, die mit künstlicher Fructose angereichert sind, überschwemmt wird.
Aufgrund des hohen (oft unbewussten) Konsums von Fruchtzuckern kommt es auch häufiger zur sogenannten Fructoseintoleranz. Der Körper entwickelt bei dieser eine Empfindlichkeit gegen das Überangebot von zugesetztem, künstlich hergestelltem Fruchtzucker. Die Dünndarmschleimhaut kann die zugeführte Fructose schließlich nicht mehr verwerten und aufnehmen, was zu Fermentationsprozessen im Darm und dementsprechenden Problemen und Beschwerden führen kann. Sodann werden häufig aus Angst leider auch zuckerarme Obst- und Gemüsesorten vom Speiseplan verbannt, was wiederum schnell zu gravierenden Nährstoffmängeln führen kann. O ja, es ist eine sehr komplizierte und vor allem komplexe Sache! Zumal es übrigens auch Fructoseintoleranzen gibt, die angeboren sind und mit einem Enzymdefekt der Leber zusammenhängen.

KAUFST DU SCHON BIOLOGISCH EIN?

Du weißt nun, dass eine ausgewogene Ernährung mit viel frischem Obst und Gemüse, ausgewählten Fettquellen und Kohlenhydraten die absolute Grundlage für einen funktionierenden

PRODUKTE, IN DENEN SICH OFT INDUSTRIELLE FRUCTOSE VERSTECKT:

- **Brotaufstriche**
- **Desserts**
- **Fruchtjoghurts**
  (sie enthalten übrigens meist überhaupt keinen echten Fruchtanteil)
- **Fruchtsäfte**
- **Gebäck**
- **passierte Tomaten**
  (auf die Inhaltsstoffe achten!)
- **Softdrinks**
- **Fertigpizzen und Co.**

Körper ist. Durch die tägliche Nahrung beeinflussen wir unseren Vitamin- und Mineralstoffhaushalt. Essen wir wenig Obst und Gemüse, fehlen uns auch Mikro- und Makronährstoffe.

NÄHRSTOFFE WERDEN KNAPP

Es liegt die Vermutung nahe, dass unsere landwirtschaftlich genutzten Böden zunehmend nährstoffarm sind, was langfristig massive Auswirkungen auf unsere Gesundheit haben kann. Prinzipiell ist nicht geklärt, ob die Böden wirklich verbraucht sind oder ob es an unserer (leider) ausbeutenden und nicht nachhaltigen Landwirtschaft liegt. Hier spielt auch der sogenannte Verdünnungseffekt eine Rolle, der zu mehr Ertrag führt, denn mehr Ertrag bedeutet mehr Gewinn. Das Obst und Gemüse sammelt hier durch den Einsatz von Düngemitteln mehr Masse an, der Gehalt der Nährstoffe bleibt allerdings der gleiche. So haben 100 g einer heute angebauten Pflanze sehr viel weniger Nährstoffe als 100 g einer Pflanze, die ohne den Einfluss des Verdünnungseffekts gewachsen wäre. So konnte eine Studie herausfinden, dass 43 Gemüse- und Obstsorten einen Rückgang von etwa 6–38 Prozent an Vitaminen aufwiesen.[5]

Aufgrund der hohen Nachfrage sind die Landwirte auf der Suche nach besonders vielversprechenden Pflanzen. Das ist verständlich, denn sonst hätten sie keine Chance, wirtschaftlich rentabel zu produzieren und damit zu überleben. Sie suchen in Saatgutkatalogen nach entsprechendem Saatgut, doch die Anbieter sind Agrarkonzerne. Diese überzeugen ihre Kunden von neuen, gentechnisch veränderten Sorten mit entsprechender Größe, Form, Farbe und hohen Erträgen (traditionelle Sorten liefern nicht immer die nötigen Verkaufsargumente). Die Lebensmittel sind dadurch zwar länger haltbar, aber sie sind auch durch Pestizide belastet, weisen einen reduzierten Nährstoffgehalt auf und enthalten auch weniger Antioxidantien, die wir so dringend benötigen würden. Antioxidantien haben nämlich nicht nur eine gesundheitsfördernde und schützende Wirkung auf unseren Körper, sie helfen auch dabei, freie Radikale (die in großen Mengen potenzielle Wegbereiter für diverse Erkrankungen sind) unschädlich zu machen. Gerade Entzündungen sind die Folge von oxidativem Stress, der nur dann entstehen kann, wenn wir zu wenig Antioxidantien zu uns nehmen. Generell kann man also sagen, es macht Sinn nach dem Motto „Klasse statt Masse" einzukaufen und Lebensmittel wie Obst und Gemüse sorgfältig und in höchster, wenn möglich unbehandelter und biologischer Qualität auszuwählen.

BIODYNAMISCHE LANDWIRTSCHAFT

Demeter-Bauern praktizieren nicht nur biologisch, sondern auch die sogenannte biodynamische Landwirtschaft. Dabei kommen nur biodynamische Präparate wie Pflanzen-, Hornmist- und Quarzpräparate zum Einsatz. Diese restrukturieren und beleben die Böden (was so wichtig ist!), erhöhen die Verwurzelung der Pflanzen, verbessern deren Resilienz und so auch ihre Qualität. Wenn du also die Möglichkeit hast, lege ich dir ans Herz, auf Demeter-Produkte zurückzugreifen.[6]

WIESO IST BIOLOGISCHE QUALITÄT SO WICHTIG?

Pestizide und Schädlingsbekämpfungsmittel belasten unseren Organismus und gerade die Leber immens, denn sie ist für die Entgiftung zuständig. Leider hält sich der Mythos immer noch hartnäckig, man könne Pestizide von Obst und Gemüse abwaschen. Dies ist definitiv nicht der Fall! Eine Belastung durch Pflanzenschutzmittel kann zu einer chronischen Leberentzündung beitragen.

Man kann durchaus argumentieren, dass ein Apfel aus biologischer Landwirtschaft und einer, der gentechnisch verändert und etwa 30-mal am Tag mit Pestiziden besprüht wurde, massiv unterschiedliche Wirkungen auf unser Körpersystem haben.

Mein Fazit: Bei der antientzündlichen Ernährung zählt nicht nur das Was, es ist vor allem das Wie entscheidend. Denke an das Beispiel der Butter im Kapitel Fette (siehe Seite 18) und prüfe sorgfältig, welche Zutaten du von nun an verwenden möchtest – egal welcher Lebensmittelgruppe sie angehören.

DIE ANTI-ENTZÜNDUNGS-FORMEL

Ernährst du dich antientzündlich, fühlst du dich insgesamt wohler und leistungsfähiger, da potenzielle Entzündungsmediatoren durch die gezielte Zufuhr von frischen und naturbelassenen Lebensmitteln reduziert werden. Meine Anti-Entzündungs-Formel hilft dir dabei.

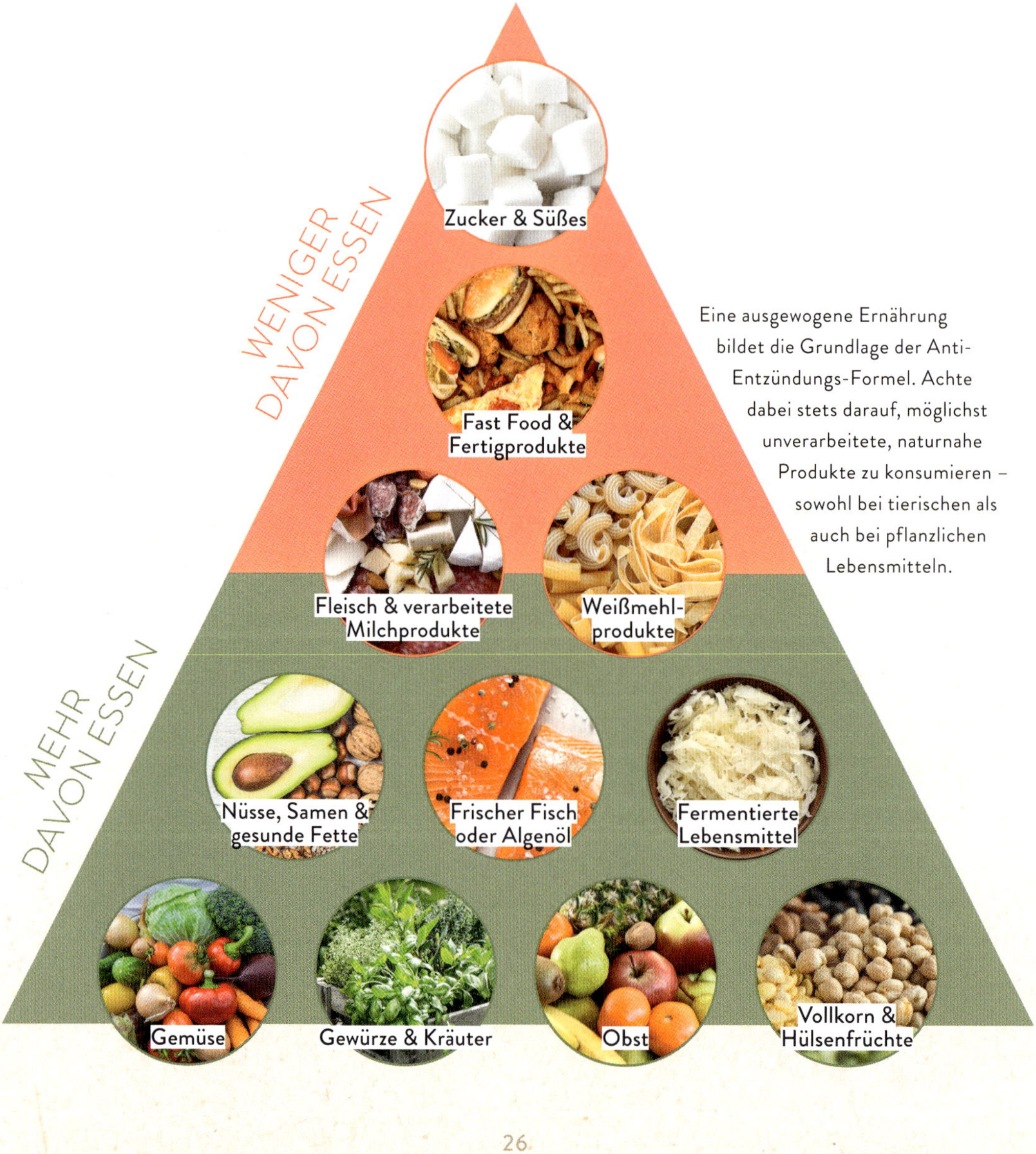

Eine ausgewogene Ernährung bildet die Grundlage der Anti-Entzündungs-Formel. Achte dabei stets darauf, möglichst unverarbeitete, naturnahe Produkte zu konsumieren – sowohl bei tierischen als auch bei pflanzlichen Lebensmitteln.

Allergien, rheumatische Erkrankungen, Magen-, Darm- oder Schilddrüsenkrankheiten, Osteoporose, Herz-Kreislauf-Erkrankungen sowie Parodontitis und andere chronische Infektionen werden allesamt auf chronische Entzündungen zurückgeführt. Spätestens, wenn man von einer dieser Erkrankungen betroffen ist, sollte man seine Ernährung also dringend überdenken. Durch die Zusammensetzung von bestimmten entzündungshemmenden Lebensmitteln wird die Bildung von sogenannten Entzündungsstoffen in unserem Körper blockiert, weshalb es so schließlich erst gar nicht zu (chronischen) Entzündungen kommen kann. Bereits bestehende (stille) Entzündungen können durch den regelmäßigen Genuss von Gemüse, Gewürzen, Fisch und frischem Obst in Schach gehalten werden – insofern auf die Qualität geachtet wird, wie wir ja bereits gesehen haben.

Von nun an ist besonders wichtig, dass du viel Gemüse, Obst und vor allem auch Kräuter und Gewürze in deinen Speiseplan aufnimmst. Wenn du tierische Produkte verzehrst, kann es auch gelegentlich ein hochwertiges Stück Fisch und/oder Fleisch sein. Achte allerdings unbedingt auf die Herkunft und die Qualität und bedenke immer: Klasse statt Masse. Außerdem wäre es ideal, wenn du auch Nüsse, Samen und hochwertige Fette zu dir nimmst. Zusammen mit ballaststoffreichen, komplexen Kohlenhydraten wie Hülsenfrüchten und Vollkornprodukten bilden die oben genannten Lebensmittel die Basis einer optimalen Ernährungspyramide (linke Seite). Wenn du Freude am Fermentieren hast oder einfach gerne fermentierte Produkte (z. B. Kimchi; Rezept Seite 116) genießt, dann verwöhnst du deinen Darm und somit deine Abwehrkräfte zusätzlich.

Es ist nicht notwendig, gänzlich auf Weißmehl- oder Fertigprodukte zu verzichten. Jedoch ist es immens wichtig, dass unsere alltägliche Basis aus basischer, vitamin- und mineralstoffreicher Nahrung besteht. Dennoch kann es durchaus sinnvoll sein, bei bereits bestehenden Entzündungen und Beschwerden komplett auf Fast Food, Zucker und Co. zu verzichten. Hier habe ich selbst die Erfahrung gemacht, dass sich Konsequenz auszahlt. Denn tritt dadurch ein Abklingen von Entzündungen und den damit verbundenen Beschwerden ein, passiert es oft, dass Lebensmittel wie Zucker, Weißmehlprodukte und Fertiggerichte aus dem Speiseplan verschwinden. Ein toller und positiver Nebeneffekt, der sich wie von selbst einstellt!

Übrigens: Eine basenüberschüssige und vollwertige Ernährung ist tatsächlich nur eine Sache der Planung – man muss auf nichts verzichten und sich schon gar nichts verbieten. Ich persönlich war schon immer ein absoluter Fan der sogenannten 80/20-Regel als Orientierungshilfe. Die Regel wurde vom schwedischen Ernährungswissenschaftler Ragnar Berg entwickelt und besagt, dass man viermal mehr Obst und Gemüse als andere Dinge essen sollte: also 80 Prozent Basenbildner und 20 Prozent Säurebildner (mehr zum Thema Säure-Basen-Haushalt und basische Lebensmittel findest du ab Seite 36). Das kann sowohl für die Bestandteile einzelner Speisen gelten (etwa bei einem Salat mit Hähnchen; Rezept Seite 88) als auch für die Zusammenstellung des wöchentlichen Speiseplans. In der Praxis kann das so aussehen: Wenn du weißt, dass du in der kommenden Woche an zwei Tagen zum Italiener essen gehst, kannst du an den anderen Tagen darauf achten, dich entsprechend gemüselastiger und somit basenreicher zu ernähren.

Zudem ist natürlich die Qualität der gewählten Lebensmittel entscheidend – ich kann es einfach nicht oft genug betonen! Solltest du dich also für ein tierisches Produkt als Beilage entscheiden (diese sind übrigens fast immer säurebildend), dann bedenke: Ein (Zucht-) Lachs, der Sojapellets frisst, enthält viel weniger Omega-3-Fettsäuren als ein Wildlachs aus der Natur, der sich von algenfressenden Fischen und Krebstieren ernährt. Ein weiteres Beispiel ist Geflügel: Hähnchen und Puten werden im konventionellen Betrieb nahezu flächendeckend vorsorglich (und nicht erst, wenn sie krank sind) mit Antibiotika behandelt und in sehr engen Ställen unter schlimmsten Bedingungen aufgezogen. Sie bekommen keinen Auslauf und werden nach einer kurzen Lebenszeit allein als Mittel zum Zweck geschlachtet. Davor werden sie massenweise über weite Strecken in Lkws transportiert.

Die dabei ausgeschütteten Stresshormone beeinflussen den Säure-Basen-Haushalt dieser Lebewesen negativ (ja, auch Tiere haben einen solchen). Durch das Verspeisen des Fleischs nehmen wir außerdem Rückstände von Antibiotika auf, was einerseits bezogen auf die Antibiotikaresistenzen einen großen Risikofaktor darstellt, andererseits die Umwelt und unseren Körper belastet. Ein Bio-Hähnchen wiederum, das ohne Antibiotika- und/oder Hormongabe aufwächst, Auslauf bekommt und Körner, Grünfutter, kleine Insekten, Würmer und Beeren frisst, kann ohne Weiteres ein (mäßiger) Bestandteil deiner Ernährung sein und dir sogar wichtige Nährstoffe liefern. Dies gilt selbstverständlich ebenso für die Eier, die die Hühner legen. Im besten Fall suchst du dir einen Hof deines Vertrauens aus der Region, um von dort Eier und Fleisch zu beziehen.

STEP 1: REDUZIERE DEN VERZEHR TIERISCHER PRODUKTE

Immer mehr Menschen entscheiden sich heutzutage gegen den Verzehr von Fleisch und tierischen Produkten. Ich persönlich gehe nach dem Motto „leben und leben lassen". Daher biete ich dir in den Rezepten gelegentlich tierische Produkte als Option an. So kannst du selbst entscheiden, ob du diese verwenden möchtest oder nicht. In jedem Fall sind alle Rezepte (auch ohne tierische Beilage) bereits vollwertig.

Nimm an dieser Stelle gerne noch einmal die Anti-Entzündungs-Pyramide zur Hand (siehe Seite 26) und sieh sie dir genau an. Wie du feststellen kannst, sind tierische Produkte zwar vorhanden, allerdings in kleinen Mengen. Denn der Verzehr von weniger tierischen Fetten ist eine der absolut wichtigsten Regeln bei antientzündlichen Maßnahmen. Es konnte inzwischen nachgewiesen werden, dass tierische Fette die sogenannte Arachidonsäure enthalten. Dies ist eine Omega-6-Fettsäure, die bei regelmäßiger Aufnahme die Produktion von entzündungsfördernden Botenstoffen anregt, wodurch bestehende Entzündungsherde befeuert werden und zu Entzündung neigendes Gewebe getriggert wird. Um diesen Effekten vorzubeugen, wäre es sinnvoll, wöchentlich nur noch ein- bis zweimal tierische Produkte zu verzehren. Kombiniere sie zudem am besten mit basenüberschüssigen Produkten (siehe Tabelle Seite 38). Wenn du dich vegan ernährst, kannst du diesen ersten Step der Anti-Entzündungs-Formel auslassen. Achte allerdings darauf, dass du alle Mikro- und

Makronährstoffe, die dir aufgrund des Verzichts auf tierische Lebensmittel fehlen könnten, anderweitig kompensierst.

STEP 2: FÖRDERE DEINE DARMGESUNDHEIT

Wusstest du, dass ein Großteil des Glückshormons Serotonin im Darm produziert wird? Dieser kommuniziert über die sogenannte Darm-Hirn-Achse mit unserem Gehirn und beeinflusst so unsere Stimmung und unser Wohlbefinden. Dabei bilden Fettsäuren einen großen Bestandteil unseres Gehirns, genauer gesagt die Omega-3-Fettsäure DHA (siehe Seite 12). Wie du bereits weißt, wirken sich Omega-3-Fettsäuren in unserem Körper entzündungshemmend aus, allerdings müssen wir sie unbedingt über die Nahrung aufnehmen, da sie der Körper nicht selbst bilden kann.

Damit wir wiederum die Nahrung, die wir zu uns nehmen, ordentlich verdauen und die Nährstoffe daraus aufnehmen können, brauchen wir einen starken und intakten Darm. Er bildet die Grundlage für Gesundheit – er produziert nämlich nicht nur unser Glückshormon Serotonin (= Vorstufe des Schlafhormons Melatonin und Gegenspieler des Stresshormons Coritsol) und beeinflusst so unser Denken und Fühlen, sondern er ist zudem das Zuhause unseres Immunsystems. Wir haben ja bereits festgestellt: Bis zu 80 Prozent unseres Immunsystems sitzen im Darm, welches wiederum dafür zuständig ist, Entzündungen in Schach zu halten. Unterm Strich kann man also festhalten, dass die Darmgesundheit bei der Anti-Entzündungs-Formel eine Schlüsselrolle spielen muss. Leider sind Verdauungsbeschwerden und Unverträglichkeiten heute keine Seltenheit mehr und der Darm leidet nicht nur unter einer Fehlernährung, sondern auch unter psychischem Stress. Dabei wirkt sich Cortisol bei Entzündungen ebenfalls kontraproduktiv aus: Das Stresshormon hemmt die Wirkung anderer Hormone, die dabei helfen könnten, Entzündungsprozesse zu lindern. Es ist daher superwichtig, dass du dich jeden Tag aufs Neue um deinen Darm kümmerst, denn er tut dies auch für dich, indem er nonstop unzählige Aufgaben in deinem Sinne erledigt. Ein träger Darm mit einer gestörten Darmflora beeinflusst nicht nur unsere mentale Verfassung negativ, sondern auch unser Hormonsystem, den Stoffwechsel, Entgiftungsprozesse und diverse andere Mechanismen. All das kostet unseren Körper viel Energie, die an einer anderen Stelle fehlt – ideal für Entzündungsprozesse, die sich schleichend entwickeln können, bis es dann zu Symptomen und Erkrankungen kommt. Ich mache es kurz:
Bitte fördere deine Darmgesundheit, füttere deine guten Darmbakterien mit präbiotischen Lebensmitteln und mit natürlichen Probiotika. Ideal hierfür eignen sich fermentierte Produkte, denn sie sind echtes Futter für die Darmbakterien.

Expertentipp: Lass deine gekochten Kartoffeln vor dem Essen abkühlen. Bei stärkehaltigen Lebensmitteln wie Kartoffeln, Reis und Nudeln verändert sich beim Abkühlen nämlich ein Großteil der Stärke in resistente Stärke, welche unverdaulich ist. Du nimmst dadurch weniger Kalorien auf und die unverdaute Stärke dient im Dickdarm als Futter für die guten Darmbakterien und wirkt so präbiotisch. Je mehr Futter den Darmbakterien zur Verfügung gestellt wird, desto besser können sie sich vermehren

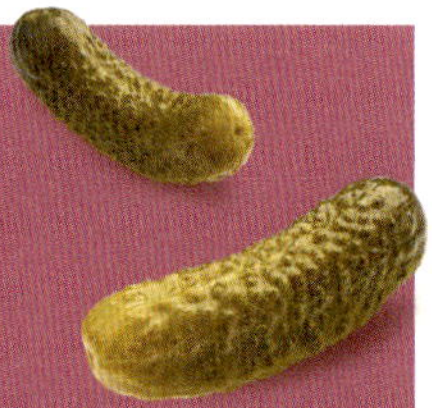

PROBIOTISCHE LEBENSMITTEL:

- Apfelessig
- Essiggurken
- Gouda
- Kimchi (Rezepte Seite 116)
- Kombucha
- Miso
- Naturjoghurt
- Tempeh
- Sauerkraut

PRÄBIOTISCHE LEBENSMITTEL:

- Artischocken
- Bananen
- Beeren
- Chicorée
- Haferflocken
- Knoblauch
- Leinsamen
- Topinambur
- Zwiebeln

und die Darmflora stärken. Ein weiterer Vorteil der resistenten Stärke ist, dass bei ihrem Abbau kurzkettige Fettsäuren entstehen, welche antientzündlich wirken. Auch Blutzuckerschwankungen können reguliert werden, denn im Vergleich zu anderen Kohlenhydraten wird resistente Stärke im Dünndarm nicht zu Glucose gespalten. Deshalb steigt der Blutzuckerspiegel nach dem Verzehr nicht so stark an. Beim erneuten Erhitzen bleiben die kristallinen Strukturen der resistenten Stärke übrigens erhalten und beim wiederholten Abkühlen erhöht sich dementsprechend ihr Anteil noch.

STEP 3: ACHTE AUF DEINEN NÄHRSTOFFHAUSHALT

Ein weiterer sehr wichtiger Teil der Anti-Entzündungs-Formel besteht darin, dass du auf eine ausreichende Nährstoffversorgung achtest. Dabei ist die Nährstoffaufnahme von der Gesundheit und Beschaffenheit deines Darms abhängig und baut somit direkt auf Step 2 auf. Zudem enthalten heute die meisten Lebensmittel weniger Nährstoffe als früher (siehe Seite 24), was es quasi doppelt erschwert, den täglichen Bedarf an Nährstoffen zu decken. Doch damit nicht genug: Umweltgifte, also Schadstoffe, die uns täglich umgeben, haben ebenfalls einen negativen Effekt auf unsere Aufnahmefähigkeit von Nährstoffen aus der Nahrung.

EAT THE RAINBOW

Nun ist es so, dass kein Lebensmittel alle von uns benötigten Nährstoffe in sich vereint. Es ist daher sehr wichtig „bunt" zu essen. Orientiere dich dafür am besten an der „Eat the rainbow"-Formel: Je bunter dein Teller aussieht, desto besser (Bowls eignen sich beispielsweise ganz wunderbar; Rezepte Seiten 139 und 144).

Rotes Obst und Gemüse ist zum Beispiel reich an Pflanzenstoffen wie Anthocyanen oder Lycopin, die eine zellschützende Wirkung entfalten können.

Grüne Lebensmittel sind besonders reich an Antioxidantien und der grüne Pflanzenfarbstoff Chlorophyll kann sich unterstützend auf den Säure-Basen-Haushalt auswirken. Zudem enthält grünes Gemüse besonders viel Vitamin A und Vitamin C, welche für viele wichtige Aufgaben zuständig sind. So ist Vitamin A an der Neubildung von Zellen beteiligt und es unterstützt die Sehkraft, Vitamin C bindet freie Radikale und hilft dem Körper beim Aufbau des Bindegewebes.

Orange und gelbe Lebensmittel sind reich an Vitamin C und Carotinoiden. Letztere werden im Körper zu Vitamin A umgewandelt, welches eine bedeutende Rolle bei der Immunabwehr spielt.

WICHTIGE NÄHRSTOFFE IM ÜBERBLICK

Prinzipiell wäre es wichtig, dass du auf die Zufuhr einer gewissen Menge an Mineral- und Nährstoffen sowie von Antioxidantien achtest. Besonders reich an **Antioxidantien** sind frisches Obst und Gemüse – wie bereits erwähnt besonders das grüne –, aber auch Vollkornprodukte und Nüsse sowie hochwertige pflanzliche Öle und Hülsenfrüchte. Im Übrigen ist Vitamin C ein starkes Antioxidans, weshalb sich gerade bei einer Immunschwäche oder Infektanfälligkeit frisch gepresste Obst- und Gemüsesäfte mit einem hohen Vitamin-C-Gehalt hervorragend eignen.

Snacks für zwischendurch sind Paranuss- und Walnusskerne, Obst, Haferkekse (Rezept Seite 172), selbst gemachte Müsliriegel (Rezept Seite 168) und Gemüsesticks mit Hummus (Rezept Seite 112).

Vitamin B12 ist eines der Vitamine, auf dessen ausreichende Versorgung gerade vegan oder vegetarisch Lebende achten sollten. Dieses Vitamin ist nämlich kaum in pflanzlichen Quellen enthalten, Ausnahmen sind Sanddornbeeren oder leicht vergorene Lebensmittel wie Bier (verschwindend gering) oder Sauerkraut. Ansonsten stellen tierische Produkte die Hauptlieferanten des so wichtigen B12 da, weshalb du in der Anti-Entzündungs-Küche auch dem einen oder anderen tierischen Produkt begegnen wirst – selbstverständlich in Maßen. Nicht nur unser Nervensystem ist auf Vitamin B12 angewiesen, sondern auch unser Stoffwechsel. Dabei ist es an der Zellteilung und an der Blutbildung beteiligt. Zudem wirkt es als Antioxidans und so entzündungshemmend. Unser Körper weiß das, weshalb er B12 reichhaltig und über mehrere Jahre speichert. Dennoch geht man davon aus, dass jeder Zehnte in Deutschland einen Mangel aufweist. Bei über 65-Jährigen wäre es bereits jeder Vierte.[7]

Weiter geht es mit den so wichtigen **Omega-3-Fettsäuren,** die du ja bereits kennengelernt hast (siehe Seite 12). Sie kommen in der Natur hauptsächlich in Algen vor, die von Fischen und kleinen Krebstierchen (die wiederum von größeren Fischen gefressen werden) verspeist werden, welche folglich ebenfalls Omega-3-Fettsäuren enthalten. Du kannst die essenziellen Fettsäuren über Algen und Fisch, aber auch in geringen Mengen über Leinsamen(-öl), Walnüsse und Chiasamen aufnehmen. Omega-3-Fettsäuren tragen nicht nur zur Erhaltung einer normalen psychischen Funktion bei, sondern ein Mangel daran steht inzwischen mit diversen Erkrankungen wie Neurodermitis, Akne, Depressionen und anderen psychische Erkrankungen und entzündlichen Erkrankungen in direkter Verbindung.

MICROGREENS

Die zarten Pflänzchen sind echte Nährstoffbomben und bieten sich gerade im Herbst und Winter optimal an! Aber auch sonst sind sie als nährstoffreiches Topping auf diversen Speisen beliebt, denn sie schmecken nicht nur schön würzig und peppen jedes Gericht auf, sondern die Keimlinge (z. B. Alfalfa, Brokkoli, Mungbohne) enthalten teilweise bis zu hundertmal mehr Nährstoffe als die ausgewachsenen Pflanzen.

Ein weiteres wichtiges Vitamin ist das **Sonnenvitamin D,** wobei es sich dabei eher um ein Hormon handelt. Denn zuerst wird durch die Sonneneinstrahlung in unserer Haut die Vorstufe (das inaktive Vitamin D) gebildet, bis diese von unserer Niere unter Mitwirkung eines Nebenschilddrüsenhormons aktiviert wird und erst dann wirksam ist. Dabei beeinflusst es auch unser Darmmikrobiom positiv. Wusstest du das?

Leider weisen gerade in den Wintermonaten viele Menschen einen gravierenden Mangel an Vitamin D auf, da wir es in unseren Breitengraden nur von März bis Oktober selbst bilden können (nur in dieser Zeit bekommen wir genug Sonnenlicht ab). In Lebensmitteln kommt Vitamin D kaum bis gar nicht vor. Spuren davon sind jedoch in Lebertran (Fischöl), Eigelb oder Speisepilzen nachweisbar. Allerdings in so verschwindend geringen Mengen, dass sich ihr Verzehr leider nicht positiv bemerkbar macht. Inzwischen ist auch bekannt, dass Vitamin D nicht nur unser Immunsystem unterstützt, indem es die Abwehrzellen aktiviert, sondern auch Entzündungsmoleküle im Körper nachweislich reduziert. Deshalb ist es immens wichtig, auf eine ausreichende Versorgung zu achten (z. B. durch die Einnahme in Tropfenform). Im besten Fall integrierst du während des Einnahmezeitraums Lebensmittel in deinen Speiseplan, die reich an Vitamin K_2 sind. Denn die Kombination der Vitamine D_3 und K_2 bringt zusätzliche Vorteile mit sich. Vitamin K_2 (z. B. enthalten in Brokkoli, Spinat und Vollkornhafermehl) sorgt dafür, dass sich das resorbierte Kalzium aus dem Darm, was vermehrt unter Vitamin-D-Gabe geschieht, nicht im Körper (vor allem nicht in den Gefäßen) ablagert, sondern dort hingelangt, wo es benötigt wird.

Magnesium fungiert nicht nur als wichtiger sogenannter Cofaktor und Aktivator von Vitamin D und fördert also dessen Aufnahme, daneben ist es auch an über 600 enzymatischen Prozessen in unserem Körper beteiligt. Gerade bei Stress im Alltag verbrauchen wir unsere Magnesiumvorräte, denn Stress ist ein echter Magnesiumräuber. Zudem ist der Mineralstoff wichtig für eine gute Herzfunktion und selbstverständlich auch für den Erhalt unserer Zähne und Knochen. Daher ist eine magnesiumreiche Kost immer von Vorteil. Sehr gute natürliche Quellen für Magnesium sind viele Gemüsearten (z. B. Kartoffeln, Fenchel und Kohlrabi), aber auch diverse Obstsorten (z. B. Bananen, Kiwis und Ananas) sowie Vollkornprodukte und Fisch, aber auch Fleisch.

GOOD TO KNOW

Wusstest du, dass Medikamente echte Nährstoffräuber sind? Leider kann eine Vielzahl von ihnen sowohl die intestinale Aufnahme von Nährstoffen hemmen (also die über den Darm) als auch deren Ausscheidung fördern, wodurch es schnell zu einem Vitalstoffmangel kommen kann. Ach ja: Auch Alkohol ist ein echter Vitaminräuber!

Neben einer ausreichenden Versorgung mit lebensnotwendigen Vitaminen und Mineralstoffen wie Magnesium, Kalzium und Kalium sind Spurenelemente wie **Zink** und **Selen** ebenso superwichtig! Es klingt erst einmal nach einer ganzen Menge, auf die du achten solltest, um eine optimale Nährstoffversorgung für deinen Körper zu garantieren. Allerdings brauchst du hier absolut keine Panik zu bekommen, denn wenn du es schaffst, deine täglichen Gerichte mit viel (verschiedenem) Obst und Gemüse zuzubereiten, bekommst du diese Vielfalt an Nährstoffen sowieso mit. Gegebenenfalls bietet sich auch eine gezielte Nahrungsergänzung an, um vorliegende Mängel zu beheben. Vorher macht es Sinn, deinen Nährstoffspiegel ärztlich checken zu lassen.

MEIN LIEBLINGSSMOOTHIE ZUM ENTSÄUERN

Zum Entsäuern trinke ich diesen Smoothie eine Woche lang jeden Abend vor dem Zubettgehen. Nach etwa vier Wochen wiederhole ich diese Mini-Entsäuerungskur noch einmal.

1 Das Fruchtfleisch von Ananas, Papaya und Mango in Würfel schneiden und im Mixer pürieren – nach Bedarf etwas (gefiltertes) Wasser dazugeben. Den Smoothie in ein Glas geben.

2 Die rohe Kartoffel schälen, waschen, fein reiben und unter den Anti-Entzündungs-Smoothie rühren. Genießen!

Ganz wichtig!
Es darf für das Reiben der Kartoffel keine Metallreibe verwendet werden, denn sonst verliert die Kartoffelstärke ihre Wirkung. Ich nehme dafür eine aus Porzellan. Auch mit den Messern des Mixers oder einem Edelstahllöffel sollte die Kartoffel nicht in Berührung kommen. Einfach nach dem Reiben zu den pürierten Früchten ins Glas geben und mit einem Glasstrohhalm unter den Anti-Entzündungs-Smoothie rühren. Genießen!

Zutaten für 1 Smoothie:

1 Handvoll Ananasfruchtfleisch

1 Handvoll Papayafruchtfleisch

1 Stück Mangofruchtfleisch

1 kleines Stückchen Kartoffel

STEP 4: ACHTE AUF DEINEN SÄURE-BASEN-HAUSHALT

Du hast ja nun bereits schon einiges über die basische Ernährung gelesen und gesehen, dass sie eine sehr wichtige Komponente der Anti-Entzündungs-Formel darstellt – um nicht zu sagen, die wichtigste. Aber was hat es eigentlich genau mit diesem Säure-Basen-Haushalt auf sich und warum ist es denn so wichtig, eine basenüberschüssige Ernährung in den Alltag zu integrieren? Dieser Frage wollen wir hier nachgehen.

In unserem Körper gibt es durchaus Bereiche, die über ein saures Milieu verfügen, und das ist auch gut so. So hat unser Magen die Funktion, durch seine Magensäure Dinge, die in unseren Körper gelangen, aber nicht förderlich für unsere Gesundheit sind, unschädlich zu machen und sie zersetzt an den Darm weiterzuleiten, von wo sie schlussendlich als Stoffwechselendprodukte ausgeschieden werden. Aber in unserem Dünndarm herrscht ein basisches Milieu, so auch in unserem Blut, was notwendig ist, um einwandfrei zu funktionieren. Das Zusammenspiel dieser sauren wie basischen Bereiche ist ein ausgeklügeltes körpereigenes System. Leider können Systeme schnell aus dem Gleichgewicht gebracht werden, sobald ein Teil davon „nicht mehr rund läuft". So kann es sein, dass sich die Milieus dieses Systems plötzlich nicht mehr ergänzen und der Körper so schleichend überlastet wird.

Wir nehmen heute jeden Tag unzählige Säuren auf, etwa die Kohlensäure in sprudelnden Getränken, oder wir reichern sie in unserem Körper an, etwa durch Bewegungsmangel. Denn wenn wir uns wenig bewegen, wird überschüssige Kohlensäure nicht ausreichend „abgeatmet". Dann wären da noch die Salzsäure, die durch Stress und negative Emotionen entsteht, Oxalsäure, die beim Verzehr von Rhabarber oder Spinat anfällt, Milchsäure, die sich durch körperliche (Über-)Anstrengung im Körper bildet, Harnsäure, deren Produktion durch den Verzehr von Fleisch angeregt wird, Salpetersäure entsteht nach dem Genuss von nitratreichen Käsesorten und so weiter und so fort. Das ist eine ganze Menge an Säuren, oder? Zudem kommen weitere säurebildende Faktoren wie die Einnahme von bestimmten Medikamenten oder von Alkohol und/oder Nikotin hinzu. Kann unser Organismus diese Säuren nicht mehr vollständig abbauen (dies geschieht übrigens u. a. durch das Binden an basische Mineralstoffe), werden sie stattdessen in unserem (Binde-)Gewebe abgelagert. Durch eine solche sogenannte Übersäuerung des Körpers, die nach und nach entsteht, entwickeln sich früher oder später beginnende Entzündungsprozesse, die zusätzliche säurebildende Botenstoffe freisetzen. Weiter kann es zu verklebten Faszien kommen, die auch eine ganze Bandbreite an Beschwerden verursachen können (z. B. Rücken- oder Gelenkschmerzen), oder aber es kommt zu einer unerklärlichen Müdigkeit. Diese ist auf einen ständigen Mineralstoffmangel zurückzuführen, der dadurch entsteht, dass der Körper versucht, überschüssige Säuren durch basische Mineralstoffe zu neutralisieren.

WEITERE SYMPTOME EINER ÜBERSÄUERUNG:

- **hormonelles Ungleichgewicht und dementsprechend hormonelle Erkrankungen**
- **Hautprobleme (z. B. Akne oder Hautausschläge)**

- Kopfschmerzen und/oder Brainfog
- Haarausfall und/oder brüchige Nägel
- Osteoporose aufgrund eines Mineralstoffmangels
- schwaches Immunsystem und Infektanfälligkeit

Ist unser Körper übersäuert, kommt es sehr häufig zu einer mangelnden Durchblutung des Gewebes. Einerseits werden bestehende Entzündungsprozesse dadurch befeuert, was wiederum zur weiterer Säurebildung beiträgt, andererseits wird die individuelle Schmerzempfindlichkeit gesteigert, was oftmals den Leidensdruck bei bestehenden Beschwerden noch verstärkt. Es entwickelt sich also ein Teufelskreis, der sich verselbstständigt. Ein Weg aus diesem Kreislauf bietet dagegen eine basenüberschüssige Ernährung, die (bei konsequenter, also dauerhafter Durchführung) bestehende Säuren neutralisieren kann und so Entzündungsprozesse eindämmt.

Auch ich hatte lange Zeit mit einer Übersäuerung zu kämpfen, da mein Körper durch die ganzen Schmerzen eine Menge an Stresshormonen produziert hatte. Hinzu kamen meine absolut nicht ausgewogene Ernährung und die Einnahme diverser Medikamente. Ein Trick von mir, der mir damals sehr geholfen hat und den ich bis heute beibehalten habe, ist das Trinken von Zitronenwasser (siehe rechts), welches sehr basisch ist. Ob ein Lebensmittel also säurebildend oder basenbildend wirkt, kann man nicht am Geschmack erkennen. Lasse dich davon also nicht täuschen.

Expertentipp: Jeden Morgen Zitronenwasser auf nüchternen Magen zu trinken, bringt unglaublich viele Vorteile mit sich und ist nicht nur einfach und schnell gemacht, sondern auch verlässlich effektiv im Kampf gegen Säuren! Das Zitronenwasser gehört schon seit Jahren zu meiner Morgenroutine. Zitronensaft ist zwar sauer, wirkt im Körper aber basisch durch die basischen Substanzen, die in der Zitrone enthalten sind, wie z. B. Kalium, Magnesium und Kalzium. Sie werden auf basische Art verstoffwechselt, das heißt, der Organismus verbraucht beim Abbau der Substanzen Säuren. Nebenbei kurbelt das morgendliche Zitronenwasser die Verdauung und den Stoffwechsel an und verhilft so zu einer regelmäßigen Ausscheidung von Stoffwechselendprodukten, was wiederum den Darm entlastet.
So geht's: Den Saft einer Zitrone frisch auspressen und mit 500 ml gefiltertem Wasser mischen, fertig. Probiere es doch einmal aus!

Im Folgenden findest du einen Überblick über verschiedene basenbildende und unproblematische leicht säurebildende Lebensmittel.

BASENBILDNER

Gemüse, Salate & Pilze		Früchte & Beeren	Sprossen & Keime	Nüsse & Co.
Algen	Möhren	Äpfel	Alfalfa	Erdmandeln
Artischocken	Pastinaken	Ananas	Bockshornklee	Esskastanien
Auberginen	Pfifferlinge	Aprikosen	Brokkoli	Kürbiskerne
Austernpilze	Radieschen	Avocados	Dinkel	Macadamianusskerne
Batavia	Rettich	Bananen	Gerste	Mandelkerne
Blumenkohl	Romanesco	Birnen	Hirse	Paranüsse
Bohnen, grüne	Rosenkohl	Blaubeeren	Leinsamen	Sonnenblumenkerne
Brokkoli	Rote Beten	Datteln	Linsen	
Champignons	Rotkohl	Erdbeeren	Mungbohnen	
Chicorée	Rucola	Feigen	Radieschen	
Chinakohl	Schalotten	Grapefruits	Rettich	
Eichblatt	Schwarzwurzeln	Himbeeren	Roggen	
Eisberg	Shiitake	Honigmelonen	Rotkohl	
Endivien	Spargel	Johannisbeeren	Rucola	
Erbsen	Spitzkohl	Kirschen	Senf	
Feldsalat	Süßkartoffeln	Kiwis	Sonnenblumen	
Fenchel	Staudensellerie	Limetten	Weizen	
Frühlingszwiebeln	Steinpilze	Mangos		
Grünkohl	Tomaten	Mirabellen		
Gurken	Weißkohl	Nektarinen		
Kartoffeln	Wirsing	Orangen		
Knoblauch	Zucchini	Papayas		
Kohlrabi	Zwiebeln	Pfirsiche		
Kopfsalat		Pflaumen		
Kürbisse		Quitten		
Lauch		Weintrauben		
Lollo Rosso		Zitronen		
Mangold		Zwetschgen		

UNPROBLEMATISCHE SÄUREBILDNER

Kräuter & Gewürze	Eiweißquellen	Getränke	Gemischt
Basilikum	gekeimte Bohnenkerne	Kräutertees (ungesüßt)	Bulgur
Bohnenkraut	gekeimte Dinkelkörner	Wasser	Dinkel & Dinkel-couscous
Borretsch	gekeimte Kichererbsen	Smoothies (frisch gemacht)	Grüntee
Brennnesseln	gekeimte Linsen	Zitronenwasser	Haselnusskerne
Brunnenkresse	Lupinenmehl		Hirse
Chilischoten			Hülsenfrüchte
Dill			Kakaopulver (etwa mit Pflanzenmilch angerührt)
Fenchelsamen			Pinienkerne
Gewürznelken			Pekannusskerne
Ingwer			Tempeh
Kardamom			tierische Bio-Lebens-mittel (in Maßen)
Kerbel			Tofu
Koriander			Walnusskerne
Kresse			
Kreuzkümmel			
Kurkuma			
Liebstöckel			
Löwenzahn			
Majoran			
Melisse			
Muskatnuss			
Oregano			
Petersilie			
Pfeffer			
Pfefferminze			
Rosmarin			
Safran			
Salbei			
Schnittlauch			
Thymian			
Vanille			
Zimt			

STEP 5: GREIFE AUF IMMUN-SUPERFOODS ZURÜCK

Es gibt einige Lebensmittel, die wirken besonders antientzündlich, ich nenne sie gerne Immun-Superfoods. Um bestehende Entzündungen abzubauen und neu entstehende zu verhindern, solltest du diese Kraftpakete in deine tägliche Ernährung integrieren. Damit dir dies gelingt und um dir den Einstieg in deine antientzündliche und basenüberschüssige Ernährung zu erleichtern, habe ich dir einen 6-Wochen-Plan erstellt, an dem du dich orientieren kannst. Diesen findest du hinten im Buch ab Seite 182.

Kurkuma

Die gelbe Wunderknolle! Kurkuma steht für mich immer ganz oben, da es zu ihrer Wirkung bereits eine Vielzahl an klinischen Studien an unzähligen PatientInnen mit verschiedensten Erkrankungen und Symptomen gibt. Der in der Wurzel enthaltene Wirkstoff Curcumin wird in der Literatur inzwischen gerne als „Cure-Cumin" (to cure = heilen) betitelt. Seine antibakteriellen und wahnsinnig antientzündlichen Effekte übertreffen die der meisten anderen Pflanzenstoffe um ein Vielfaches. Die Wurzel sollte in jeder Küche zu Hause sein und mindestens einmal pro Woche in Form von verschiedensten Rezepten verarbeitet werden (z. B. in einer Goldenen Milch, Rezept Seite 69), sodass man von der positiven und vor allem antientzündlichen Wirkung profitieren kann.

Pilze

Sie enthalten wertvolle Faserstoffe wie Glucane, die unser Immunsystem über den Darm stärken können, zudem optimieren sie die Virusabwehr. Durch diese Entlastung unserer körpereigenen Abwehrkräfte können Entzündungsbotenstoffe stärker gehemmt und dadurch schließlich reduziert werden. Gerade Kräuterseitlinge, Maronenpilze oder Steinpilze lassen sich sehr gut trocknen und so das ganze Jahr über genießen.

Ingwer

Der antientzündliche Effekt von Ingwer ist schon lange bekannt, hinzu kommt eine nachweislich antivirale Wirkung der enthaltenen Wirkstoffe. Ingwerwasser mit einem Spritzer Zitronensaft ist nicht nur erfrischend und macht wach, es kurbelt auch den Stoffwechsel an!

Knoblauch

Die Kraft dieser kleinen Knolle zeigt sich bereits durch den typisch scharfen, kräftigen Geschmack und Geruch. Die Wirkstoffe des Knoblauchs stimulieren nicht nur eine gesunde Darmflora, sondern wirken zudem antibakteriell. Aber Achtung: Bei einer sensiblen Verdauung kann die Verwendung von zu viel Knoblauch schnell zu einer unangenehmen Gasbildung führen, deshalb lieber in Maßen, dafür regelmäßig genießen.

Brokkoli

Der in Brokkoli enthaltene wertvolle und inzwischen immer bekannter werdende Wirkstoff Sulforaphan ist ein Pflanzenstoff, der nicht nur antioxidativ wirkt, es wird ihm mittlerweile auch eine krebsvorbeugende Wirkung zugeschrieben.

Blaubeeren

Blaubeeren (auch Heidelbeeren) enthalten nicht nur ausgesprochen viele Antioxidantien in Form von Vitamin C, sondern auch eine Menge Vitamin E. Sie liefern darüber hinaus weitere Vitalstoffe wie Magnesium, Kalium, Folsäure, Vitamin A und Zink und eignen sich prima als Topping, als Smoothie-Zutat oder als Snack für zwischendurch. Ich verwende sie übrigens sehr gerne in Desserts wie in einem leckeren Bananenkuchen (Rezepte Seite 164).

WEITERE ANTIENTZÜNDLICHE TIPPS

Über die Anti-Entzündungs-Formel hinaus gibt es noch weitere (präventive) Maßnahmen, die du nutzen kannst.

HEILFASTEN

Zum Thema Fasten gehen die Meinungen auseinander. Dabei ist wichtig, sich nicht beirren zu lassen, einfach einen Blick auf die Geschichte zu werfen und sich ins Gedächtnis zu rufen: Wie haben die Menschen in der Vergangenheit gelebt? Ich persönlich bin ein sehr großer Fan der Fastenpraxis und habe viel von Ruediger Dahlke und Volker Schmiedel gelernt. Sehen wir uns die potenziellen positiven Effekte genauer an: Während des Fastens muss die Leber weder Verdauungssäfte produzieren noch wird frische Nahrung durch den Darm aufgenommen, die gefiltert und umgewandelt werden muss. Das stellt also schon einmal eine enorme Entlastung für unseren Körper dar. Hinzu kommt, dass während des Fastens Symptome von Erkrankungen gelindert werden können, die ansonsten eine hohe Belastung darstellen.

HIERBEI KANN HEILFASTEN HELFEN:

- chronisch entzündliche Darmerkrankungen (Morbus Crohn, Colitis ulcerosa)
- Gallenfunktionsstörungen oder Fettleber
- Adipositas oder Diabetes
- Bluthochdruck oder Durchblutungsstörungen
- Gelenkerkrankungen wie Arthrose oder Rheuma
- Fibromyalgie
- Allergien wie Heuschnupfen oder Asthma
- Neurodermitis oder Psoriasis (Schuppenflechte)

Natürlich sollte auch (wie immer im Gesundheitsbereich) deine Grundkonstitution berücksichtigt und individuell entschieden werden, ob Fasten für dich geeignet ist. Es gibt durchaus Krankheiten und Fälle, bei denen man sich nicht auf das Heilfasten verlassen und unbedingt darauf verzichten sollte. Generell sollte bei schwerwiegenden Erkrankungen vom Fasten abgesehen werden, es sei denn, die behandelnden ÄrztInnen raten dazu.

VOR DEM FASTEN ÄRZTLICHEN RAT EINHOLEN:

- bei Krebserkrankungen
- nach Operationen
- bei Tuberkulose
- bei schweren psychischen Erkrankungen (Depressionen, Psychosen, Schizophrenie)
- bei Essstörungen
- bei Schilddrüsenüberfunktion
- bei Leberzirrhose
- bei akuter Hepatitis
- bei Herzerkrankungen
- in der Schwangerschaft
- während der Stillzeit

FASTEN NACH BUCHINGER

Es gibt verschiedene Arten des Fastens. So besteht eine Variante im Saftfasten, bei dem über einen bestimmten Zeitraum hinweg ausschließlich Flüssigkeit in Form von Säften zu sich genommen wird, und beim Basenfasten isst man ausschließlich Mahlzeiten aus rein basischen Lebensmitteln. Ich werde mich hier jedoch auf das Fasten nach „Fastenpapst" Otto Buchinger beziehen, denn es scheint mir am Erfolg versprechendsten zu sein, was das Stoppen von entzündlichen Prozessen angeht.

Buchinger praktizierte sowohl als Arzt als auch als Naturheilkundler. Seine Intention war es, durch das Fasten die körpereigenen Selbstheilungskräfte zu mobilisieren und zu aktivieren. Dabei stellt unser Körper den Stoffwechsel um, sodass Cholesterin abgebaut wird und sich Fettreserven verflüchtigen. Durch den Fastenprozess wird dem Körper zudem ermöglicht, Harnsäure abzubauen, was gerade bei Erkrankungen der Gelenke von Vorteil sein kann.

Das Fasten läuft so ab: An den Fastentagen erfolgt eine Flüssigkeitsaufnahme von mindestens 2–3 Litern pro Tag. Dabei sollte es sich um (gefiltertes) Wasser, Gemüsebrühe und/oder Kräutertee handeln. Auch das Trinken von Obstsäften oder Sauerkrautsaft ist erlaubt. Buchinger legte zudem großen Wert darauf, an den Fastentagen eine regelmäßige körperliche Bewegung in den Tagesablauf zu integrieren sowie wohltuende Leberwickel (siehe rechte Seite) durchzuführen. Nach den Fastentagen, deren Dauer man vorher selbst festgelegt hat, kommt es zum sogenannten Fastenbrechen. Nun bereitet man den Darm, die Leber und schließlich den gesamten Körper darauf vor, wieder etwas Nahrung aufzunehmen. Ganz traditionell wäre hier übrigens der Apfel das klassische Lebensmittel der Wahl oder aber leichte Gemüsesuppen. Nach zwei Tagen kannst du übrigens in der Regel wieder auf eine vollwertige Kost zurückgreifen.

Wenn dich das Thema näher interessiert, kann ich dir an dieser Stelle das Buch *Buchinger Heilfasten – Mein 7-Tage-Programm für zu Hause* empfehlen, in dem du nicht nur einen Leitfaden und eine genaue Anleitung erhältst, sondern auch noch umfassende Informationen zum Heilfasten.

AUTOPHAGIE

Der oben beschriebene zellenreinigende Prozess, der beim Heilfasten einsetzen soll, ist auch unter dem Begriff der Autophagie bekannt. Der japanischer Forscher Yoshinori Ōsumi erhielt im Jahre 2016 einen Nobelpreis, da er erstmals nachweisen konnte, dass Zellen über diese körpereigene „Müllabfuhr" verfügen, die zum Einsatz kommt, wenn man hungert. Wird die Zufuhr von Kalorien über mindestens 14 Stunden eingestellt, wird die sogenannte Autophagie aktiviert. Bei diesem Prozess werden in einer gewissen Art und Weise beschädigte, kranke und entzündete Zellorganellen verdaut, die dem Körper unnötig Energie abverlangen. Sehen wir uns das genauer an: Nach 14 Stunden der nahrungsfreien Zeit beginnt sich unser Organismus durch die Bildung von Ketonkörpern zu ernähren. Die Körperzellen greifen während der Autophagie auf verfügbare Ressourcen zurück, bauen sie ab und verwenden sie für Aufgaben, die für die Aufrechterhaltung der Körperfunktionen vorrangig sind. Ältere Mitochondrien oder auch Bestandteile von Proteinen können dabei abgebaut oder neu zusammengesetzt werden. Abfallprodukte werden entlarvt und endgültig ausgeschieden. Da kranke und entzündete Zellen sehr viel Energie verbrauchen, werden sie während der Autophagie zuerst verwertet, was wiederum antientzündlich wirkt.

INTERMITTIERENDES FASTEN

Wenn du es nicht schaffst, länger auf Nahrung zu verzichten, oder an einer der oben aufgeführten Erkrankungen leidest, bei denen nicht gefastet werden sollte, kannst du dich stattdessen auch am intermittierenden Fasten versuchen. Hierbei verzichtet man auf das morgendliche Frühstück und nimmt erst Nahrung zu sich, wenn seit der Mahlzeit am Vorabend mindestens 14 Stunden vergangen sind. Auch dann schon werden die oben beschriebenen reinigenden Prozesse im Körper in Gang gesetzt, wodurch man nachhaltig gesehen mit einigen positiven Ergebnissen rechnen kann.

LEBERWICKEL

Leberwickel bieten eine gute Möglichkeit, unsere Leber als wichtiges Entgiftungsorgan zu aktivieren. Sie werden regelmäßig sowohl als begleitende Maßnahme für Fastenkuren als auch zur eigenständigen Entgiftung empfohlen. Zudem sind sie ein sehr altes und bewährtes Hausmittel. Auch bei der Buchinger-Fastenkur (siehe linke Seite) kommen Leberwickel zum Einsatz. Das Prinzip sieht so aus: Mit einem warmen, feuchten Wickel wird die Durchblutung der Leber angeregt, was die Entgiftungsprozesse, die in ihr ablaufen, verbessert und somit beschleunigt. Außerdem wirkt sich die Gefäßerweiterung positiv auf die Gallenblase und den Gallengang aus. Nicht zuletzt wirkt ein solcher Leberwickel sehr entspannend, was eine beruhigende Wirkung auf unser sympathisches Nervensystem hat. Das bedeutet, dass unser Parasympathikus arbeiten kann, der für Ruhe und Verdauung zuständig ist. Generell sind die traditionellen Anwendungen für Leberwickel sehr vielseitig, denn sie werden auch bei Magen-Darm-Beschwerden, Verstopfung oder einer Funktionsschwäche der Nieren eingesetzt. Da sie sich ideal für die Selbsthilfe eignen, bieten sie eine optimale Möglichkeit, die eigenen Kräfte der Leber zu unterstützen und so das Immunsystem anzuregen und gleichzeitig zu entlasten.

So geht's:

1. Lege dir eine Wärmflasche, einen Waschlappen, ein großes (und eventuell auch ein kleines) Handtuch und eine warme Decke zurecht.
2. Fülle die Wärmflasche mit heißem Wasser.
3. Bade den Waschlappen in heißem Wasser und wringe ihn anschließend gut aus.
4. Lege dich nun bequem auf den Rücken. Der feucht-heiße Waschlappen wird auf den Bereich deiner Leber aufgelegt (rechter Oberbauch, direkt unter dem Rippenbogen). Achte darauf, dass der Waschlappen nicht zu heiß ist, gut aufliegt und sich kein Zwischenraum zwischen ihm und der Haut bildet.
5. Auf den Waschlappen kommt nun die heiße Wärmflasche. Achte darauf, dass diese nicht unmittelbar mit der Haut in Verbindung kommt, da sonst Verbrennungsgefahr besteht. Um dies zu verhindern, kannst du auch ein kleines Handtuch zwischen Waschlappen und Wärmflasche legen. Am Ende wickelst du das große Handtuch um dich, sodass alles gut sitzt.
6. Nun entspannst du gemütlich unter der Decke oder machst ein kleines Schläfchen. Nach 45 Minuten kannst du den Leberwickel wieder abnehmen.

Tipp: Wer möchte, kann das Wasser für den heißen Waschlappen auch mit Kräutern anreichern. Zum Beispiel kannst du vorher einen Aufguss aus Schafgarbe, Löwenzahnwurzel, Labkraut, Kalmuswurzel, Löwenzahnblätter, Gundermann, Kümmel, Süßholzwurzel, Wacholderbeeren, Käsepappel und/oder Ringelblume ansetzen. Die Kräuter sollten mindestens 10 Minuten im heißen Wasser ziehen.

SCHLAFHYGIENE

Unser Schlaf bestimmt unser Wohlbefinden, so viel steht fest. Sicherlich kennst du das auch. Du liegst nachts wach, die Gedanken kreisen und du wünschst dir nichts sehnlicher, als endlich einschlafen zu können, um am nächsten Tag ausgeruht zu sein. Während des Schlafens regeneriert sich der Körper und kann sich von den Anstrengungen des Tages erholen. Ein Schlafmangel kann dagegen zum Anstieg von Entzündungsmarkern in unserem Körper führen. Daher können anhaltende Schlafstörungen durchaus als Risikofaktor für entzündliche Prozesse angesehen werden, wodurch natürlich auch klar wird, wie wichtig ein regelmäßiger und tiefer Schlaf für uns und unsere Gesundheit ist. Dabei kann die Schlafqualität von vielen verschiedenen Faktoren sowohl negativ als auch positiv beeinflusst werden. Oftmals beschäftigen uns bewegende Ereignisse des Tages, manchmal liegen wir auch vermeintlich grundlos wach. Ich möchte dir hier gerne meine besten Tipps für eine hohe Schlafqualität verraten, die du auch ausprobieren kannst.

– TIPP 1: ATEMÜBUNGEN VOR DEM EINSCHLAFEN

Atemtechniken gibt es viele, aber meine Lieblingsübung, um schnell und ganz entspannt einzuschlafen, ist die sogenannte „4-7-8"-Technik nach Dr. Andrew Weil, die eigentlich aus dem Yoga kommt. Dabei geht es darum, dass man doppelt so lange durch den Mund ausatmet wie durch die Nase ein. Du legst dich dafür bequem in dein Bett und machst es dir gemütlich, um sodann langsam mit geschlossenem Mund vier Sekunden durch die Nase einzuatmen. Anschließend versuchst du die Luft sieben Sekunden lang zu halten, um sie dann langsam und mit Bedacht über acht Sekunden hinweg durch den Mund ausströmen zu lassen. Damit die Luft nicht zu schnell deinen Bauch und Brustkorb verlässt, kannst du dabei deine Lippen etwas zusammenpressen, sodass die Luft nur langsam herausströmt. Zähle dabei in Gedanken achtsam mit und wiederhole diese Übungen so oft, bis du dich völlig entspannt fühlst. Du wirst sehen, dass auch dein Parasympathikus aktiviert wird.

– TIPP 2: VERMEIDE BLAUES LICHT

Wir alle liegen hin und wieder einmal kurz vor dem Einschlafen im Bett und verschicken vom Handy aus noch eine Nachricht oder surfen im Internet. Zuvor haben wir vielleicht noch einen Film im schummrigen Wohnzimmer gesehen. Hier kommt unser sogenannter zirkadianer Rhythmus ins Spiel, der sich an den naturgegebenen Lichtzyklus anpasst. Früher haben wir uns, sobald es dunkel wurde, zurückgezogen und eine Kerze angezündet, die warmes Licht ausstrahlte. Heute sind wir auch nach dem Einbruch der Dunkelheit noch lange blauem Licht ausgesetzt.

Was dabei passiert, möchte ich dir gerne erläutern: Wenn unsere Augen diesem blauen Licht ausgesetzt sind, sich unser natürlicher (zirkadianer) Rhythmus aber eigentlich schon auf ein baldiges

Zubettgehen eingestellt hat, wird die Ausschüttung des Schlafhormons Melatonin gehemmt. Dieses ist dafür zuständig, uns müde zu machen und nebenbei bemerkt auch der Gegenspieler des Stresshormons Cortisol. Wenn wir also vermehrt Cortisol produzieren, können wir natürlich auch nicht einschlafen, da sich unser Körper ja nun in einer gewissen Alarmbereitschaft befindet. Wichtig wäre also, mindestens zwei Stunden vor dem Zubettgehen kein Fernsehen mehr zu schauen, und auch unbedingt den Blaulichtfilter am Handy zu aktivieren. Im besten Fall legst du dir für das abendliche Fernsehen eine Brille zu, die blaues Licht filtert, damit deine Zirbeldrüse genügend Melatonin produzieren kann und du entspannt ein- und durchschlafen kannst.

– TIPP 3: ACHTE AUF LEBENSMITTEL MIT L-TRYPTOPHAN

Bleiben wir gleich beim Melatonin: L-Tryptophan ist die Vorstufe unseres Schlafhormons. Schlafstörungen gehen sehr oft wie beschrieben auf einen entsprechenden Mangel zurück, weshalb es sich natürlich anbieten würde, gezielt Lebensmittel in den Speiseplan zu integrieren, die L-Tryptophan enthalten. Auf diese Weise geben wir unserem Organismus die Chance, selbst ausreichend Melatonin zu produzieren. Zu den besonders tryptophanhaltigen Lebensmitteln gehören Rindfleisch, Fisch und Eier, aber auch pflanzliche Lebensmittel wie Datteln, Bitterschokolade, Feigen, Haselnüsse, Erdnüsse und Chashewkerne.

– TIPP 4: NUTZE DIE KRAFT DES LAVENDELS

Ein weiterer Tipp, der nicht nur beim Einschlafen unterstützt, sondern auch das Durchschlafen

fördert, ist der Einsatz von ätherischem Lavendelöl. Da er sowohl eine krampflösende als auch eine entspannende und beruhigende Wirkung hat, ist Lavendel inzwischen auch als Arzneimittel zugelassen und wird als Bestandteil diverser Einschlafmittel in den Apotheken verkauft. Das reine ätherische Öl funktioniert aber eigentlich am besten. Ich nutze es so, dass ich vor dem Zubettgehen ein paar Tropfen davon auf mein Handgelenk gebe und daran immer wieder intensiv rieche. Durch das Einatmen des Lavendeldufts wird die Ausschüttung von Botenstoffen, die uns Stress empfinden lassen, gebremst, wodurch wir sodann natürlich profitieren. Es eignen sich übrigens auch der Einsatz von Duftlämpchen oder ein einfaches kleines Lavendelblütensäckchen, das du unter dein Kissen legst.

– TIPP 5: NUTZE WEITERE PFLANZLICHE MITTEL

Es gibt natürlich auch noch weitere Pflanzen, von deren natürlichen Eigenschaften du profitieren kannst. Neben dem Einsatz der ätherischen Öle wie beim Lavendel bietet sich das Trinken schlaffördernder Tees wie Baldriantee an. Inzwischen gibt es unzählige Teemischungen in Apotheken zu kaufen. Gerade solche mit Baldrianwurzel und Blättern der Passionsblume können Wunder wirken, aber auch Hanfblättertee wirkt sanft und beruhigend. Da Schlafstörungen und ihre Ursachen sehr individuell sein können, lohnt es sich, ein wenig herumzuexperimentieren und einige Dinge auszuprobieren. Bedenke jedoch, dass Schlafstörungen – vor allem wenn du zwischen 1 und 3 Uhr nachts wach liegst – auch von einer überlasteten Leber ausgehen können. Hier könnten sodann der Konsum von Bitterstoffen (z. B. Kurkuma, Ingwer, Brennnessel) und das abendliche Trinken von Mariendisteltee etwas Abhilfe verschaffen.

PSYCHONEUROIMMUNOLOGIE

Die Kraft unserer Gedanken ist nicht zu unterschätzen. Inzwischen gibt es unzählige wissenschaftliche Nachweise über die Stärke unseres Unterbewusstseins sowie über den Einfluss, den unsere Gedanken auf den gesamten Organismus haben. Früher wurde dies von vielen als esoterisch abgetan, heute ist es ein Forschungsfeld mit dem Namen Psychoneuroimmunologie. Dieses lange Wort bezeichnet ein relativ junges, interdisziplinäres Forschungsgebiet, das sich mit dem Zusammenhang von Psyche, Nerven- und Immunsystem auseinandersetzt. Es geht dabei um die ganzheitliche Betrachtung von Krankheitsverläufen, die heute glücklicherweise auch immer mehr in den Fokus rückt, was mich als ganzheitliche Gesundheits- und Ernährungsberaterin natürlich sehr freut. Nicht umsonst gibt es unzählige Bücher und Abhandlungen, die sich mit dem Placeboeffekt oder mit gewissen Glücksformeln beschäftigen.

RESILIENZ

Positive Gedanken formen unser Leben und wirken sich auch positiv auf unser Immunsystem aus. Andauernder Stress hingegen, durch den diverse Hormone ausgeschüttet werden, belastet unseren Organismus, was sich auch bald auf die Schlafqualität niederschlagen kann und schließlich zu gesundheitlichen Problemen führt. NeurobiologInnen betonen heute vermehrt die sogenannte kognitive und emotionale Intelligenz, die durchaus erlernbar ist. Dabei geht es um ein bewusstes Umdenken – ein Achtsamerwerden im Alltag. Für mich ist über die vergangenen Jahre, in denen ich durch diverse gesundheitliche Krisen gehen musste, klar geworden, dass eine positive Einstellung zwar hilfreich sein kann, jedoch steht und fällt alles mit der sogenannten Resilienz. Damit du dir unter diesem Begriff etwas vorstellen kannst, möchte ich ihn dir gerne etwas genauer erklären.

Resilienz ist gewissermaßen als das Immunsystem unserer Psyche zu verstehen. In ihr liegt für mich persönlich der Schlüssel zu echter und vor allem nachhaltiger mentaler Stärke. Fast jeder Mensch durchlebt im Laufe seines Lebens unterschiedlich schwere Krisen – sei es eine Trennung, der Tod eines geliebten Menschen oder eine schwere Erkrankung. Schließlich wird jeder und jede von uns mit solchen Erlebnissen etwas anders umgehen. Während es die einen so schwer trifft, dass sie die Hoffnung vollends verlieren und an der Situation zu zerbrechen drohen, können andere Menschen derartige Schicksalsschläge gut verarbeiten. Sie leiden zwar nicht weniger, aber ihnen gelingt es aus eigener Kraft, wieder zurück ins Leben zu finden. Hier kommt sodann die individuelle psychische Widerstandskraft, also die Resilienz, ins Spiel, die diese Unterschiede sehr gut erklärt.

Das Gute ist – solltest du zu den Menschen gehören, die sich alles sehr zu Herzen nehmen, hochsensibel sind und/oder schnell die Hoffnung aufgeben –, dass man Resilienz erlernen kann. So, wie wir unser körperliches Immunsystem durch die unterstützende Integration von Antioxidantien stärken können, ist es auch möglich, unsere psychische Widerstandskraft zu trainieren und so zu stärken. Es gibt verschiedene Modelle, die sich mit der Ausbildung der Resilienz beschäftigen.

DER EINFLUSS UNSERER PSYCHE AUF DEN KÖRPER

Nun, wieso erzähle ich dir das, und was genau hat dies mit entzündlichen Erkrankungen zu tun? Ganz einfach: Etliche entzündliche Prozesse in unserem Körper sind stressassoziiert. Unser Organismus produziert andauernd biochemische Botenstoffe. Wenn wir eine Krise durchlaufen, handelt es sich bei diesen Botenstoffen um Stresshormone, woraufhin sämtliche Abwehrkräfte gedrosselt werden. Diese würden sich im Idealfall um (stille) Entzündungsherde sorgen und sie in Schach halten, sodass bestenfalls keine Symptome auftreten. Falls du dich noch daran erinnern kannst: Der größte Teil unseres Immunsystems sitzt in unserem Darm. Selbstverständlich leidet dieser sodann ebenfalls (zumeist vorerst still) mit. Spätestens hier wird wieder deutlich, wie sehr die einzelnen Bereiche unseres Organismus zusammenhängen, und vor allem auch, wie essenziell unsere Psyche mit physischen Prozessen in Wechselwirkung steht.

Ein weiterer Aspekt ist der, dass andauernder Stress, negative Gedanken und Emotionen zu einer Übersäuerung im System führen. Ich habe bereits über die negativen Folgen eines übersäuerten Mechanismus berichtet (siehe Seite 36). Es würde sich daher bei bestehenden negativen Gedankenmustern lohnen, Übungen in deinen Alltag zu integrieren, die dir dabei helfen, diese Muster aufzulösen. Und das nicht nur im Bewusstsein, sondern auch tief im Unterbewusstsein. In der Folge wird auch dein Organismus weniger belastet. Im besten Fall würde sich dies auf Entzündungsprozesse positiv auswirken und den Selbstheilungsprozess fördern.

ACHTUNG, UMWELTGIFTE!

Umweltgifte zählen zur Epidemie der Moderne, denn der Kontakt mit ihnen ist alltäglich geworden. Giftfrei zu leben ist heute unmöglich, denn Pestizide, Feinstaub, Schwermetalle, Konservierungsstoffe, Mikroplastik, Medikamentenrückstände und mehr sind leider inzwischen zu einem Teil der Natur geworden, die uns umgibt. Gerade Erkrankungen, die auf entzündlichen Prozessen basieren, können ihren Ursprung im Kontakt zu Umweltschadstoffen haben, allenfalls bedingen diese Entzündungsprozesse anderen Ursprungs. Es ist wichtig zu verstehen, dass wir den Giften, denen wir ausgeliefert sind, etwas entgegensetzen müssen. Dies gelingt zum großen Teil durch eine ausgewogene und antioxidantienreiche Ernährung, ein bewussteres, nachhaltigeres, langsameres Leben.

Vielleicht fragst du dich jetzt, wie wir diese Gifte alleine durch die Zufuhr von Nährstoffen neutralisieren sollen – zu Recht, denn dies ist nur indirekt möglich. Glücklicherweise haben wir hierfür unsere Entgiftungsorgane, die dafür sorgen (Umwelt-)Gifte wieder loszuwerden, die sich in unseren Körper verirrt haben. Allen voran meine ich hier natürlich wieder einmal unsere Leber, denn sie ist das Entgiftungsorgan schlechthin. Ziel ist es also, unsere Entgiftungsorgane so mit Nährstoffen zu unterstützen, dass sie einwandfrei arbeiten können. Dies gelingt durch eine ausgewogene und basenüberschüssige Ernährung sehr gut, insofern darauf geachtet wird, andere belastende Produkte wie Zucker und Konservierungsstoffe nur in Maßen aufzunehmen. Ich orientiere mich hier wieder am Grundsatz des goldenen Mittelwegs: Die Dosis macht das Gift.

BLEIB IN BEWEGUNG

Wie dir sicherlich bekannt ist, stärkt regelmäßige moderate Bewegung nicht nur unser Immunsystem, sondern sie regt gleichzeitig die Verdauung und den Stoffwechsel an und somit auch die Ausleitung von Giftstoffen. Durch Bewegung werden darüber hinaus übermäßige Säuren besser abgebaut und sie bringt noch unzählige weitere Vorteile mit sich. Auch dir wurde wahrscheinlich von Kindertagen an gesagt, dass Bewegung wichtig und gesund ist. Aber warum müssen wir uns überhaupt regelmäßig körperlich betätigen?

Eine körperliche Aktivität umfasst jede Form von Bewegung, bei der durch die Kontraktion der Skelettmuskeln ein erhöhter Energieverbrauch entsteht. Bewegung erhält die normale Funktion aller lebenswichtigen Organe, ermöglicht es, das Körpergewicht im normalen Bereich zu halten, und sorgt dafür, dass das Energiegleichgewicht erhalten bleibt. Darüber hinaus wirkt sich Bewegung auf die Hormone und die Gehirnfunktion und somit natürlich auch auf die Psyche aus, da verschiedene Botenstoffe wie Endorphine (Glückshormone) gebildet und das Stresshormon Cortisol abgebaut werden. Zudem konnte inzwischen mehrfach nachgewiesen werden, dass es nach regelmäßiger moderater Bewegung zu einem Anstieg der Anzahl entzündungshemmender Immunzellen (regulatorischer T-Zellen) kommt. Ein Mangel an Bewegung hingegen kann zu verschiedenen negativen Veränderungen im Körper führen. Um einige davon zu nennen: Entstehung von hohem Cholesterinspiegel, Adipositas, Übergewicht, Erkrankungen des Bewegungsapparats, Gelenkentzündungen, chronischen Rückenschmerzen, Angststörungen, Depressionen und Demenz. Außerdem kann ein von Bewegungsmangel geprägter Lebensstil das Risiko von Schlafstörungen, Stimmungsschwankungen und erhöhtem Stressempfinden steigern.

Wir halten also an dieser Stelle fest: Eine regelmäßige körperliche Betätigung (z. B. Spazierengehen oder Slow-Jogging) ist für die Vorbeugung vieler Krankheiten unerlässlich. Allerdings gilt auch bei der Bewegung, dass Ausgewogenheit das A und O ist. Extreme Bewegung und übermäßiger Sport können hingegen zu einer Übersäuerung des Körpers führen. Denn bei zu intensiver, unausgewogener Bewegung sammelt sich zu viel Milchsäure in den Muskeln an, was zu einer Übersäuerung des Gewebes beiträgt.

MEINE ANTI-ENTZÜNDUNGS-

Rezepte

FRÜHSTÜCK

Um gesund und fit in den Tag zu starten, braucht es ein leichtes, aber nährstoffreiches Frühstück! Diese leckeren und abwechslungsreichen Rezepte sorgen für tolle Frühstücksinspirationen.

WARMER FRÜHSTÜCKS-AUFLAUF MIT FRÜCHTEN

Ich starte gerne mit etwas Warmem in den Tag. Das kurbelt nicht nur die Verdauung an, sondern versorgt unseren Körper auch mit Energie! Dieses Rezept liefert wertvolle Ballaststoffe, die viele gesundheitliche Vorteile mit sich bringen, und ist durch die individuelle Wahl der Früchte sehr abwechslungsreich. So wird der Auflauf nie langweilig!

1 Den Backofen auf 200 °C Ober- und Unterhitze vorheizen.

2 Die Banane schälen und in einer Schüssel mit einer Gabel zerdrücken. Mit der Cashewmilch und dem Apfelmus vermengen. Dattelsirup, Zimt, Vanillemark und die Haferflocken unterheben. Die fertige Masse in einer Auflaufform verteilen.

3 Das Obst waschen, gegebenenfalls entkernen und in mundgerechte Stücke schneiden. Beeren verlesen, waschen und trocken tupfen. Obst und/oder Beeren auf der Masse verteilen und mit den gemahlenen Mandeln bestreuen.

4 Den Auflauf im Backofen etwa 20 Minuten backen und warm servieren.

Für 2 Portionen:

1 reife Banane

200 ml Cashewmilch

3 EL Apfelmus

2 EL Dattelsirup

1 TL Ceylon-Zimtpulver

Mark von 1 Vanilleschote

100 g Haferflocken

200 g Obst und/oder Beeren (z. B. Äpfel, Himbeeren oder Blaubeeren)

1 EL gemahlene Mandeln

Zubereitung: 15 Minuten + 20 Minuten Backzeit

Pro Portion ca. 420 kcal, 7 g F, 73 g KH, 9 g EW, 9 g BST

BLAUBEER-CHIA-PUDDING

Dieser Blaubeer-Chia-Pudding eignet sich nicht nur als Frühstück, sondern auch als leckeres, gesundes Dessert. Blaubeeren gelten als eines der antioxidantienreichsten Lebensmittel überhaupt und sie versorgen uns mit vielen Vitaminen. In Kombination mit Chiasamen und Mandeln wird daraus eine echte Nährstoffbombe.

Für 1 Portion:

3 EL Chiasamen

¼ l Mandelmilch

1 TL Dattelsirup

Zum Garnieren:

100 g Blaubeeren

1 EL Joghurt auf Kokosbasis

1 EL Mandelblättchen

1 TL Kokosraspel

Zubereitung: 10 Minuten + 10 Minuten Einweichzeit

Pro Portion ca. 379 kcal, 23 g F, 23 g KH, 11 g EW, 18 g BST

1 Die Blaubeeren für die Garnierung verlesen, waschen und trocken tupfen.

2 Chiasamen, Mandelmilch und Dattelsirup vermengen und mindestens 10 Minuten einweichen lassen.

3 Den Pudding auf Schalen verteilen und mit Kokosjoghurt, Blaubeeren, Mandelblättchen und Kokosraspeln garniert servieren.

Tipp:
Chiasamen in Maßen kurbeln die Verdauung an!

CREMIGER SÜSSKARTOFFEL-VANILLE-SMOOTHIE

Süßkartoffeln enthalten besonders viel Betacarotin, was die Sehkraft stärkt. In Kombination mit Vanille und einer Banane wird ein leckerer, leicht süßlich schmeckender, cremiger Smoothie daraus, den ich sehr gerne am Vormittag nach meinem Zitronenwasser (siehe Seite 37) zu mir nehme. Die Prise Kurkuma sorgt für ein besonderes Geschmackserlebnis.

Für 2 Portionen:

1 kleine Süßkartoffel
1 walnussgroßes Stück Ingwer
1 Banane
1 EL Yacon-Pulver
½ l Mandel- oder Reismilch
etwas gemahlene Vanille
frisch geriebene Kurkuma
schwarzer Pfeffer aus der Mühle

Zubereitung: 10 Minuten + 60 Minuten Garzeit

Pro Portion ca. 265 kcal, 4 g F, 49 g KH, 4 g EW, 8 g BST

1 Den Backofen auf 180 °C Ober- und Unterhitze vorheizen.

2 Die Süßkartoffel putzen, gründlich waschen, mit einer Gabel einstechen und auf einem Blech im Backofen in etwa 60 Minuten weich garen. Abkühlen lassen und schälen.

3 Den Ingwer reiben und zusammen mit den restlichen Zutaten im Mixer zu einem cremigen Smoothie pürieren. In Gläsern servieren.

Tipp:
Peppe auch mal andere Smoothies mit etwas Kurkuma sowie schwarzen Pfeffer auf!

GRÜNE SMOOTHIE-BOWL

Diese grüne Smoothie-Bowl ist eine echte Chlorophyll-Bombe! Der natürlich vorkommende grüne Pflanzenfarbstoff hilft unserem Körper bei der Entgiftung und bei der Erhaltung eine ausgeglichenen Säure-Basen-Haushalts. Besonders bei warmen Temperaturen ist diese grüne Bowl einer meiner Frühstückslieblinge.

Für 1 Portion:

1 Handvoll Babyspinat

1 Kiwi

½ Avocado

1 Medjoul-Dattel

1 tiefgekühlte geschälte Banane

1 EL Erdnussmus

etwas ungesüßte Hafermilch

1 TL Matchapulver

½ TL Ingwerpulver oder geriebener Ingwer

Zum Garnieren:

2 TL TK-Mango

2 TL geschälte Hanfsamen

Zubereitung: 15 Minuten

Pro Portion ca. 558 kcal, 27 g F, 57 g KH, 12 g EW, 18 g BST

1 Den Spinat verlesen, waschen und trocken schleudern. Die Kiwi und die Avocado schälen.

2 Die Kiwi halbieren und eine Hälfte in Scheiben schneiden, diese zum Garnieren beiseitestellen. Die Dattel entsteinen.

3 Die Banane mit Babyspinat, Avocado, Kiwi, Dattel, Erdnussmus und etwas Hafermilch pürieren. Matchapulver und Ingwer hinzufügen und alles erneut mixen.

4 Die Bowl in eine Schale geben und mit Kiwischeiben, Mangowürfeln und Hanfsamen garniert servieren.

VOLLKORNBROT MIT AVOCADO & KICHERERBSEN

Dieses leckere Vollkornbrot ist nicht nur ein eiweißreicher Snack, sondern es enthält auch noch wertvolle Omega-3-Fettsäuren, die die Avocado und das Leinöl liefern. Durch das Toasten wird das Brot extra crunchy und kombiniert mit den frischen Tomaten, den gerösteten Kichererbsen und dem herzhaften Dressing schmeckt es einfach göttlich!

1 Den Backofen auf 200 °C Ober- und Unterhitze vorheizen.

2 Die Kichererbsen in einem Sieb abgießen, kalt abbrausen und abtropfen lassen. Dann auf einem Blech verteilen und im Backofen etwa 15 Minuten rösten.

3 Inzwischen die Tomaten waschen und halbieren. Die Avocado halbieren und den Stein entfernen. Die Avocadohälften schälen und das Fruchtfleisch mit einer Gabel zerdrücken.

4 Das Vollkornbrot toasten, mit der Avocadocreme bestreichen und auf einem Teller anrichten.

5 Für das Dressing die Knoblauchzehe schälen und fein hacken. Öl, Aceto balsamico, Knoblauch, Salz und Pfeffer verrühren.

6 Die Tomaten und Kichererbsen mit dem Dressing marinieren und auf die Avocadobrote geben. Diese mit Basilikum und Sesamsamen bestreut servieren.

Für 2 Scheiben:

1 Glas Kichererbsen (220 g Abtropfgewicht)

200 g Cocktailtomaten

1 Avocado

2 Scheiben Vollkornbrot

Für das Dressing:

1 Knoblauchzehe

2 EL Leinöl

2 EL Aceto balsamico

Salz und Pfeffer aus der Mühle

Zum Garnieren:

einige Basilikumblättchen

1 TL dunkle Sesamsamen

Zubereitung: 20 Minuten

Pro Portion ca. 515 kcal, 27 g F, 47 g KH, 15 g EW, 14 g BST

SCHOKO-FRÜHSTÜCKSAUFSTRICH

Der Schoko-Frühstücksaufstich ist nicht nur etwas für Naschkatzen, die es ja bekanntlich schön süß mögen, er ist auch eine echte Mineralstoff-Bombe – allen voran Magnesium! Das Kakaopulver sowie das Mandelmus und die Esskastanien liefern wertvolle bioverfügbare Mineralstoffe, die dir dabei helfen, voller Energie in den Tag zu starten.

Für 2 Portionen:

30 g Medjoul-Datteln

100 g Esskastanien (vorgegart und vakuumiert)

80 g Mandelmus

2½ EL Dattelsirup

etwas gemahlene Vanille

1 TL Kakaopulver

15 ml Leinöl

Zubereitung: 5 Minuten

Pro Portion ca. 575 kcal,
33 g F, 58 g KH, 9 g F, 7 g BST

1 Die Datteln entsteinen.

2 Esskastanien, Mandelmus, Dattelsirup, Datteln, 1 Prise Vanille, Kakaopulver und 60 ml Wasser im Hochleistungsmixer gründlich pürieren, bis eine homogene Masse entsteht. Zum Schluss das Öl untermixen.

Tipp:
Der gesunde Aufstrich schmeckt wunderbar zu Bananenkuchen (siehe Seite 164).

GOLDENE MILCH

Die goldene Milch, in diesem Fall in der Variante mit Mandelmilch anstelle von Kuhmilch, ist mein persönliches Lieblingsgetränk, das mir dabei geholfen hat, meine ständigen Entzündungen in den Griff zu bekommen. Das in der Kurkumaknolle enthaltene Curcumin ist einer der antientzündlichsten Wirkstoffe überhaupt.

1 Den Ingwer reiben und gemeinsam mit Kurkuma, Mandelmilch, Zimt, Öl und Pfeffer im Mixer gut vermengen.

2 Die goldene Milch in einen Topf geben und unter ständigem Rühren bei starker Hitze kurz aufkochen. Anschließend vom Herd nehmen und 5 Minuten ziehen lassen.

3 Zum Schluss nur noch den Honig hinzufügen und die warme goldene Milch in eine Tasse oder ein Glas füllen.

Tipp:
Du kannst statt Honig auch Dattelsirup verwenden. So wird die Goldene Milch etwas süßer und vegan.

Für 1 Portion:

1 haselnussgroßes Stück Ingwer

1 TL frisch geriebene Kurkuma

300 ml Mandelmilch

½ TL Ceylon-Zimtpulver

1 TL Kokosöl

1 Msp. schwarzer Pfeffer aus der Mühle

2 TL Honig

Zubereitung: 15 Minuten

Pro Portion ca. 180 kcal, 8 g F, 25 g KH, 2 g EW, 1 g BST

APFEL-ZIMT-PORRIDGE

Dieser Apfel-Zimt-Porridge ist echtes Futter für deine guten Darmbakterien! Er wirkt präbiotisch und fördert dadurch die Darmgesundheit immens. Wenn du es schaffst, diesen warmen Brei mehrmals wöchentlich als Frühstücksoption zu wählen, freut sich nicht nur dein Darm, sondern auch dein Immunsystem. Du weißt ja: Dein Immunsystem sitzt im Darm!

Für 2 Portionen:

100 g Dinkelflocken
¼ l Mandelmilch
2 EL gemahlene Haselnüsse
1 EL geschrotete Leinsamen
1 Spritzer Zitronensaft
½ TL gemahlene Vanille
½ TL frisch geriebene Kurkuma
1 Apfel
etwas Kokosöl zum Ausbacken
1 TL Ceylon-Zimtpulver

Zubereitung: 20 Minuten

Pro Portion ca. 378 kcal,
16 g F, 45 g KH, 11 g EW, 8 g BST

1 Die Dinkelflocken in einem Topf mit der Mandelmilch verrühren und bei mittlerer Hitze einmal aufkochen. Die Hitze reduzieren und das Ganze etwa 5 Minuten unter gelegentlichem Rühren eindicken lassen. Zum Schluss gemahlene Haselnüsse, geschrotete Leinsamen, Zitronensaft, Vanille und Kurkuma unterrühren. Den Porridge auf zwei Schalen verteilen.

2 Den Apfel waschen, vierteln, entkernen und in mundgerechte Stücke schneiden.

3 Etwas Kokosöl in einer Pfanne erhitzen und die Apfelstückchen darin bei mittlerer Hitze erwärmen. Den Zimt hinzufügen und alles gut vermengen. Anschließend die warmen Apfelstückchen auf den Porridge geben.

Tipp:
Der Porridge eignet sich perfekt für eine gesunde Morgenroutine nach dem Zitronenwasser!

DARMFUTTER-KÖRNERBROT

Ich bin sicher, dass dieses knusprige Körnerbrot das wohl ballaststoffreichste Rezept ist, dem du begegnen wirst. Übrigens: Wenn du schon dabei bist, die einzelnen Zutaten zusammenzusuchen, dann fülle davon doch gleich mehrere Portionen in Gläser ab, sodass du beim nächsten Mal nur Wasser hinzugeben musst und der Teig so jederzeit bereit zum Backen ist.

1 Den Backofen auf 200 °C Ober- und Unterhitze vorheizen.

2 Alle Zutaten in eine große Schüssel geben und 450 ml kaltes Wasser unterrühren.

3 Anschließend 3 bis 5 Minuten quellen lassen.

4 Nochmals durchmengen und mit nassen Händen zu einem ovalen Laib formen. Diesen auf ein mit Backpapier ausgelegtes Blech geben und im Backofen 70 bis 80 Minuten backen. Vor dem Anschneiden vollständig abkühlen lassen.

Für 12 Scheiben:

225 g Haferflocken

60 g geschrotete Leinsamen

5 EL ganze goldene Leinsamen

5 EL helle Sesamsamen

5 EL Sonnenblumenkerne

3 EL Goldhirse

3 EL Chiasamen

½ EL Flohsamenschalen

1 TL Steinsalz

Zubereitung: 10 Minuten + 70–80 Minuten Backzeit

Pro Scheibe ca. 182 kcal, 2 g F, 4 g KH, 7 g EW, 6 g BST

DINKEL-PANCAKES MIT ORANGEN-CHUTNEY

Himmlisch – das Wort beschreibt das Geschmackserlebnis dieser Kombination am allerbesten! Die fruchtige Orange liefert nicht nur viel Vitamin C, sondern ergänzt die warmen Pancakes perfekt durch ihre Frische. Der absolute Geheimtipp, der dieses Rezept erst so richtig einzigartig macht, sind die gehackten Walnüsse. Ich sage ja: einfach himmlisch!

Für 2 Portionen:

Für das Chutney:

3 Orangen

1 EL Weidebutter

5 EL Dattelzucker

1 EL Zitronensaft

Für die Pancakes:

2 reife Bananen

150 g Dinkelflocken

4–5 EL Mandelmilch

1 TL Backpulver

1 Prise Salz

½ TL gemahlene Vanille

1 TL Kokosöl

Zum Garnieren:

2 EL gehackte Walnüsse

Zubereitung: 30 Minuten

Pro Portion ca. 645 kcal, 16 g F, 99 g KH, 16 g EW, 15 g BST

1 Für das Chutney die Orangen filetieren. Dafür die Orangen so großzügig schälen, dass auch die weiße Haut mit entfernt wird. Die Filets zwischen den einzelnen Trennhäuten herausschneiden, (den austretenden Saft auffangen).

2 Die Weidebutter in der Pfanne zerlassen und den Dattelzucker darin bei mittlerer Hitze unter Rühren schmelzen. Mit dem Orangen- und Zitronensaft ablöschen. Die Orangenfilets dazugeben und kurz auf der ausgeschalteten Herdplatte ziehen lassen.

3 Für die Pancakes die Bananen schälen und mit einer Gabel zerdrücken. Die Dinkelflocken im Mixer zu Mehl mahlen. Mit den restlichen Zutaten (bis auf das Öl) zu einem Teig verrühren.

4 Das Kokosöl in einer Pfanne erhitzen und den Teig darin portionsweise von beiden Seiten bei mittlerer bis starker Hitze zu kleinen Pancakes ausbacken.

5 Die Pancakes mit dem Orangen-Chutney auf Tellern anrichten und mit den gehackten Walnüssen garnieren.

Tipp:
Walnüsse enthalten wertvolle Omega-3-Fettsäuren und wirken so stillen Entzündungen entgegen!

OVERNIGHT-CHIA-OATS MIT SANDDORN

Overnight Oats sind das perfekte Frühstück für zu Hause oder ein leckerer Snack für zwischendurch. Am Abend zubereitet und in ein Glas gefüllt, ist dieses gesunde Frühstück am nächsten Tag bereits fertig. Die enthaltenen Dinkelflocken sind reich an Vitaminen, Spurenelementen, Mineralien und Ballaststoffen und fördern somit die Verdauung und halten dich lange satt.

1 Die Dinkelflocken mit Mandelmilch, Sanddornsaft und Chiasamen in ein Glas geben und vermischen. Das Glas über Nacht in den Kühlschrank stellen.

2 Am nächsten Morgen mit Papaya, Aprikose, Mandelblättchen und Kokoschips garnieren.

Für 1 Portion:

5 EL Dinkelflocken

150 ml Mandelmilch

2 EL Sanddornsaft

1 EL Chiasamen

Zum Garnieren:

etwas Papaya-Fruchtfleisch, in Scheiben

1 getrocknete Aprikose, klein geschnitten

einige Mandelblättchen

einige Kokoschips

Zubereitung: 10 Minuten + 12 Stunden Quellzeit

Pro Portion ca. 421 kcal, 13 g F, 54 g KH, 13 g EW, 15 g BST

SCHNELLES PFANNEN-GRANOLA

Lust auf ein gesundes und schnelles Müsli ohne Industriezucker? Dieses Granola ist eine Alternative zu den gekauften Sorten aus dem Supermarkt und lässt sich wirklich unkompliziert zubereiten. Durch die Zugabe von Banane und Ahornsirup wird das Müsli auf natürliche Weise gesüßt, und durch das anschließende Rösten erhält es eine knusprige Textur – ein wahrer Genuss!

Für 1 Portion:

1 reife Banane
1 EL Chiasamen
80 g Dinkelflocken
1 EL Kakaopulver
1 EL Ahornsirup
Salz
etwas Kokosöl zum Ausbacken
100 ml Mandelmilch

Zum Garnieren:

einige Himbeeren
einige Haselnusskerne
einige Kakaonibs

Zubereitung: 15 Minuten

Pro Portion ca. 756 kcal, 30 g F, 90 g KH, 20 g EW, 20 g BST

1 Die Banane schälen und mit einer Gabel in einer Schüssel zu Mus zerdrücken. Chiasamen, Dinkelflocken, Kakaopulver, Ahornsirup und 1 Prise Salz hinzugeben und alles zu einer klumpigen Masse verrühren.

2 Das Öl in einer Pfanne erhitzen und die Masse darin unter Rühren anbraten, bis die Klümpchen knusprig werden.

3 Die Himbeeren verlesen, waschen und trocken tupfen. Das Granola in einer Schale anrichten, mit Haselnüssen, Himbeeren und Kakaonibs garnieren und mit der Mandelmilch genießen.

BEEREN-CHIA-KONFITÜRE

Dies ist eine schnell gemachte Konfitüre ohne Industriezucker für alle, die nicht stundenlang in der Küche stehen wollen. Die Beeren-Chia-Konfitüre ist schnell zubereitet, gesund und superlecker. Die enthaltenen Chiasamen quellen auf, binden die Flüssigkeit und dicken die Konfitüre an – ganz ohne Gelierzucker.

1 Die Beeren verlesen, waschen, trocken tupfen und in einem kleinen Topf unter Rühren bei mittlerer Hitze 10 Minuten köcheln lassen, bis sie anfangen zu zerfallen. Ahornsirup, Chiasamen, Zitronensaft und Vanille hinzufügen, den Topf vom Herd nehmen und 15 Minuten stehen lassen, bis die Flüssigkeit leicht eingedickt ist.

2 Die Konfitüre in ein ausgekochtes Schraubglas abfüllen oder sofort genießen.

Tipp:
Die Konfitüre hält sich bis zu 3 Tage im Kühlschrank.

Für 300 ml:

200 g Brombeeren oder Himbeeren

2 EL Ahornsirup

2 EL Chiasamen

2 EL Zitronensaft

½ TL gemahlene Vanille oder Vanillemark

Zubereitung: 15 Minuten + 15 Minuten Quellzeit

Pro Glas ca. 303 kcal,
9 g F, 41 g KH, 6 g EW, 14 g BST

PIKANTE FRÜHSTÜCKSMUFFINS

Für alle, die morgens lieber etwas Herzhaftes essen, sind diese pikanten Muffins ein Muss zum alltäglichen Frühstück, beim Brunch oder auch für unterwegs. Das verwendete Kichererbsenmehl ist eine tolle Alternative zum klassischen Mehl aus Getreide, da es mit rund 20 Prozent Eiweiß etwa doppelt so viel pflanzliches Protein aufweist wie Weizenmehl.

Für 4 Portionen:

2 Handvoll Gemüse nach Wahl (z. B. Brokkoli, Frühlingszwiebeln und Paprikaschote)

100 g Kichererbsenmehl

75 ml Mandelmilch

2 EL Apfelessig

1 TL milder Senf

1 TL Kurkumapulver

4 EL Hefeflocken

1 TL Backpulver

Salz und Pfeffer aus der Mühle

½ TL Kokosöl (optional)

Zubereitung: 25 Minuten + 25 Minuten Backzeit

Pro Portion ca. 170 kcal, 4 g F, 22 g KH, 11 g EW, 5 g BST

1 Den Backofen auf 220 °C Ober- und Unterhitze vorheizen.

2 Das Gemüse putzen, waschen und klein schneiden. Alle Zutaten (bis auf das Gemüse und das Kokosöl) mit 100 ml Wasser in einer Schüssel mit dem Schneebesen zu einem glatten Teig verrühren.

3 Das Gemüse in einer Pfanne bei mittlerer Hitze im Kokosöl kurz anbraten oder in einem Topf mit etwas Wasser dünsten.

4 Das Gemüse auf Muffinförmchen oder die Mulden eines Muffinblechs verteilen. Den Kichererbsenteig darübergeben und die Muffins im Backofen 25 Minuten backen.

SALATE & SNACKS

Egal, ob als Beilage oder als Hauptgericht: Bunte Salate gehen einfach immer! Hier findest du nun meine absoluten Lieblingssalate und gesunde Snacks für den kleinen Hunger.

SALAT MIT WEISSEN RIESENBOHNEN

Wusstest du, dass bereits eine Portion Bohnen den Tagesbedarf an Folsäure deckt? Diese ist für die Neubildung von Zellen superwichtig! Dieser köstliche Salat ist also nicht nur ein Gedicht in seiner Zusammensetzung, sondern gleichzeitig ein wertvoller Mineralstofflieferant.

1 Die Bohnen in kaltem Wasser 12 Stunden einweichen. Anschließend abgießen und in frischem Wasser 60 Minuten kochen. Alternativ Bohnen aus dem Glas in ein Sieb abgießen, kalt abbrausen und abtropfen lassen.

2 Die Tomaten waschen und in kleine Stücke schneiden, dabei die Stielansätze entfernen. Die Zwiebel schälen und ganz fein schneiden.

3 Für das Dressing das Tahin mit dem Zitronensaft in einer Salatschüssel vermengen. Salz, Pfeffer und Petersilie hinzufügen.

4 Tomaten, Zwiebel und Bohnen in dem Dressing wenden und den Salat direkt servieren.

Für 2 Portionen:

250 g getrocknete Weiße Riesenbohnen (oder 1 Glas, Abtropfgewicht 400 g)

2 große Tomaten

1 rote Zwiebel

Für das Dressing:

1 EL Tahin (Sesampaste)

Saft von 1 Zitrone

Salz und Pfeffer aus der Mühle

etwas frisch gehackte Petersilie

Zubereitung: 10 Minuten + 12 Stunden Einweichzeit + 60 Minuten Garzeit

Pro Portion ca. 580 kcal, 9 g F, 74 g KH, 39 g EW, 15 g BST

APFEL-SELLERIE-SALAT

Auch, wenn du kein großer Sellerie-Fan bist, diesen Salat musst du unbedingt ausprobieren! Du kannst ihn als Hauptgericht zubereiten oder als Beilage servieren. Das Highlight bei diesem Rezept sind die Granatapfelkerne, die zu den vielen Vitaminen auch noch Antioxidantien liefern und so die Abwehrkräfte unterstützen.

Für 2 Portionen:

1 Apfel
2 Stangen Staudensellerie
1 Handvoll Wildkräutersalat
3 EL Walnusskerne
3 EL Granatapfelkerne
etwas frisch gehackter Dill

Für das Dressing:

1 TL körniger Senf
1 TL Honig
Saft von 1 Limette
3 EL Olivenöl

Zubereitung: 15 Minuten
Pro Portion ca. 345 kcal,
26 g F, 20 g KH, 4 g EW, 4 g BST

1 Den Apfel waschen, vierteln, entkernen und die Viertel längs in dünne Streifen schneiden.

2 Den Staudensellerie putzen, waschen und klein schneiden. Den Salat verlesen, waschen und trocken schleudern.

3 Die Walnüsse in einer Pfanne ohne Fett anrösten und anschließend grob hacken.

3 Apfel, Staudensellerie, Salat, Granatapfelkerne und Walnüsse in einer Salatschüssel vermengen.

4 Alle Zutaten für das Dressing vermischen, über den Salat geben und den gehackten Dill untermischen. Direkt servieren.

Tipp:
Nach Belieben mit gebratenem Hähnchenbrustfilet servieren.

ROTKOHL-MANGO-SALAT

Der Vitamin-C-Gehalt von Rotkohl ist fast unübertrefflich, das farbkräftige Gemüse darf daher gerne häufiger auf unseren Tellern landen! Die Kombination hier mit süß-fruchtiger Mango schmeckt einfach wahnsinnig gut und auch die verschiedenen Texturen ergänzen sich perfekt. Wer diesen Salat einmal zubereitet hat, wird es ganz bald wieder tun!

1 Den Rotkohl putzen, waschen, vom Strunk befreien und in sehr feine Streifen schneiden. Die Mango schälen, das Fruchtfleisch auf den flachen Seiten vom Stein schneiden und in dünne Streifen schneiden. Zwiebel schälen und klein schneiden. Die Paprikaschote entkernen, waschen und in dünne Streifen schneiden.

2 Rotkohl, Zwiebel, Paprika und Mango in eine Salatschüssel geben. Die Sesamsamen in einer Pfanne ohne Fett anrösten und hinzufügen.

3 Alle Zutaten für das Dressing vermischen und über den Salat geben. Koriander und Schnittlauch untermischen und den Salat direkt servieren.

Für 2 Portionen:

250 g Rotkohl

1 Mango

1 rote Zwiebel

½ rote Paprikaschote

3 TL helle Sesamsamen

je etwas frisch gehackter Koriander und Schnittlauch

Für das Dressing:

5 EL Olivenöl

Saft von 1 Zitrone

½ TL abgeriebene Bio-Zitronenschale

1 TL Ahornsirup

Salz und Pfeffer aus der Mühle

Zubereitung: 20 Minuten

Pro Portion ca. 435 kcal,
30 g F, 32 g KH, 5 g EW, 7 g BST

MINZ-TABOULÉ

Tabloulé ist ein absoluter Klassiker. Einfach und schnell zubereitet, eignet sich der frische Salat als Mitbringsel zu jeder Grillfeier genauso gut wie als Teil deines anti-entzündlichen Speiseplans. Die bunten Zutaten füllen deinen Nährstoffhaushalt auf, gleichzeitig wird das Gericht durch die Minze sehr leicht verdaulich.

Für 2 Portionen:

150 g Couscous

1 TL Gemüsebrühpulver

½ Salatgurke

2 Tomaten

1 gelbe Paprikaschote

½ rote Zwiebel

3 EL Granatapfelkerne

je etwas frisch gehackte Petersilie und Minze

Für das Dressing:

Saft von 1 Zitrone

2 EL Tomatenmark

2 EL Olivenöl

Salz und Pfeffer aus der Mühle

Zubereitung: 20 Minuten

Pro Portion ca. 435 kcal,
12 g F, 64 g KH, 12 g EW, 9 g BST

1 Den Couscous in einer Schüssel mit dem Gemüsebrühpulver vermengen, mit 150 ml kochendem Wasser übergießen und 10 Minuten zugedeckt quellen lassen. Anschließend mit einer Gabel auflockern.

2 Inzwischen die Gurke waschen, halbieren und in kleine Würfel schneiden. Die Tomaten waschen und in kleine Würfel schneiden, dabei die Stielansätze entfernen. Die Paprikaschote halbieren, entkernen, waschen und in kleine Würfel schneiden. Die Zwiebel schälen, halbieren und ebenfalls klein würfeln.

3 Das Gemüse in einer Salatschüssel mit Couscous und Granatapfelkernen vermengen.

4 Alle Zutaten für das Dressing verrühren und über den Salat geben. Petersilie und Minze untermischen und den Salat direkt servieren.

Tipp:
Als Topping eignen sich frische Kräuter aus dem eigenen Garten oder Hochbeet.

MEDITERRANER SALAT

Dieser leckere mediterrane Salat steckt voller Aromen. Nicht nur dein Darm freut sich über dieses Gericht, sondern auch deine Leber, denn der Rucola liefert gesunde Bitterstoffe, die wir in der heutigen Zeit wortwörtlich ganz bitter nötig haben. Die Pinienkerne versorgen dich zudem mit hochwertigem Eisen.

1 Die Zucchini putzen, waschen und mit einem Spiralschneider in lange Streifen schneiden. Die Tomaten waschen und halbieren. Den Rucola verlesen, waschen und trocken schleudern. Die Bohnen in ein Sieb abgießen, kalt abbrausen und abtropfen lassen.

2 Alle Zutaten für das Dressing in einer Salatschüssel verrühren und Tomaten sowie Bohnen darin 5 Minuten marinieren lassen.

3 Inzwischen für die Garnierung die Pinienkerne in einer Pfanne ohne Fett leicht anrösten und abkühlen lassen.

4 Zucchini und Rucola mit dem Salat vermengen und diesen mit Basilikum und Pinienkernen garnieren.

Für 2 Portionen:

1 Zucchini

500 g Cocktailtomaten

100 g Rucola

1 Glas Weiße Bohnen (Abtropfgewicht 255 g)

Für das Dressing:

2 EL Aceto balsamico

3 EL Olivenöl

1 TL getrocknete italienische Kräuter

Salz und Pfeffer aus der Mühle

Zum Garnieren:

3 EL Pinienkerne

einige Basilikumblättchen

Zubereitung: 20 Minuten

Pro Portion ca. 453 kcal,
25 g F, 33 g KH, 17 g EW, 10 g BST

SALAT MIT GEBACKENEN SÜSSKARTOFFELN

Was gibt es köstlicheres als warme Süßkartoffeln aus dem Ofen, die es sich auf einem knackigen Salatbett gemütlich machen? Dieser winterliche Salat ist eines meiner absoluten Lieblingsrezepte aus diesem Buch und meine ausdrückliche Empfehlung für alle, die Soulfood genauso lieben, wie ich es tue!

Für 4 Portionen:

800 g Süßkartoffeln

2 EL Olivenöl

1 TL Paprikapulver edelsüß

150 g Feldsalat

50 g Radicchio

1 kleine Rote Bete (vorgegart und vakuumiert)

Für das Dressing:

2 EL Zitronensaft

2 EL Olivenöl

Salz und Pfeffer aus der Mühle

Zum Garnieren:

1 Handvoll gehackte Walnüsse

etwas frisch gehackter Schnittlauch

20 g Feta aus Schafs- oder Ziegenmilch

Zubereitung: 35 Minuten

Pro Portion ca. 415 kcal,
18 g F, 52 g KH, 7 g EW, 8 g BST

1 Den Backofen auf 200 °C Ober- und Unterhitze vorheizen.

2 Die Süßkartoffeln putzen, gründlich waschen und in 2 cm große Würfel schneiden. In einer Schüssel Olivenöl und Paprikapulver verrühren und die Süßkartoffelwürfel darin gut wenden. Anschließend auf einem mit Backpapier ausgelegten Blech verteilen und im Backofen etwa 25 Minuten backen.

3 Inzwischen den Feldsalat verlesen, waschen und trocken schleudern. Den Radicchio putzen, waschen und in Streifen schneiden. Die Rote Bete ebenfalls in dünne Streifen schneiden.

4 Feldsalat, Radicchio und Rote Bete in einer Salatschüssel vermengen.

5 Alle Zutaten für das Dressing verrühren und über den Salat geben.

6 Süßkartoffeln, Walnüsse und Schnittlauch auf dem Salat verteilen. Zum Schluss den Feta darüberbröseln.

PAPRIKA-BROKKOLI-SALAT

Brokkoli enthält das wirksame Sulforaphan, das bekannt für seine entzündungshemmende und entgiftende Wirkung ist. Laut Forschungen des Universitätsklinikums Heidelberg greift dieser Naturstoff sogar Tumorstammzellen an.
Mit diesem Wissen schmeckt dieser bunte Salat doch gleich noch viel besser!

1 Den Brokkoli waschen und in sehr kleine Röschen teilen. Die Paprikaschoten halbieren, entkernen, waschen und in ganz feine Würfel schneiden. Beides in einer Salatschüssel miteinander vermengen. Die Macadamianüsse grob hacken.

2 Für das Dressing den Knoblauch schälen und fein hacken. Diesen mit den restlichen Zutaten verrühren.

3 Das Dressing unter das Gemüse mengen. Sesamsamen und Macadamianüsse unterheben und den Salat mit frisch gehackter Petersilie garnieren.

Tipp:
Auch Brokkolisprossen enthalten jede Menge Sulforaphan!

Für 4 Portionen:

1 großer Brokkoli
je 1 rote und gelbe Paprikaschote
5 EL Macadamianüsse
3 EL helle Sesamsamen

Für das Dressing:

1 Knoblauchzehe
3 EL Olivenöl
Saft von 1 Zitrone
1 Prise Dattelzucker
1 TL Paprikapulver edelsüß
Salz und Pfeffer aus der Mühle

Zum Garnieren:

etwas frisch gehackte Petersilie

Zubereitung: 15 Minuten

Pro Portion ca. 250 kcal,
21 g F, 6 g KH, 7 g EW, 6 g BST

FENCHEL-ORANGEN-SALAT

Lust auf einen frischen Salat? Dann ist dieses Rezept genau das richtige für dich. Der Fenchel-Orangen-Salat ist eine perfekte Mischung aus süß und herzhaft. Der Fenchel mit seinem anisartigen Aroma gibt dieser Beilage eine ganz eigene Note, die Orange sorgt für Frische und die Walnüsse runden das Ganze mit ihrem nussigen Aroma ab.

Für 4 Portionen:

2 Fenchelknollen

1 Orange

Für das Dressing:

1 Vanilleschote

Saft von ½ Orange

2 EL Apfelessig

2 EL Honig

5 EL Leinöl

Salz und Pfeffer aus der Mühle

Zum Garnieren:

2 EL gehackte Walnüsse

1 TL rosa Pfefferbeeren (optional)

Zubereitung: 20 Minuten

Pro Portion ca. 215 kcal, 16 g F, 14 g KH, 2 g EW, 2 g BST

1 Den Fenchel putzen, waschen, halbieren, entstrunken und hobeln oder in feine Streifen schneiden. Das Fenchelgrün hacken. Die Orange waschen und filetieren. Dafür die Orange so großzügig schälen, dass auch die weiße Haut mit entfernt wird. Die Filets zwischen den einzelnen Trennhäuten herausschneiden.

2 Für das Dressing die Vanilleschote längs aufschneiden und das Mark herauskratzen. Mit den restlichen Zutaten in einem hohen Gefäß mit einem Stabmixer pürieren.

3 Fenchel, Fenchelgrün und Orangenfilets in einer Schüssel mit dem Dressing mischen und mit Walnüssen bestreuen. Nach Belieben mit rosa Pfefferbeeren garnieren.

PFLAUMEN-AVOCADO-SALAT MIT PETERSILIE

Die süße Pflaume harmoniert wunderbar mit der cremigen Avocado. Zusammen mit würziger Petersilie, erfrischender Gurke und einem süßsauren Dressing aus Ahornsirup und Zitrone sowie nussig-aromatischen Sesam- und Kürbiskernen ist das Rezept ein echter Hochgenuss für den Gaumen. Eine Kombination, die man nur lieben kann!

Für 4 Portionen:
2 Salatgurken
4 Pflaumen
1 Avocado
1 Bund Petersilie

Für das Dressing:
Saft von ½ Zitrone
½ TL Kreuzkümmelpulver
1 TL Ahornsirup
5 EL Olivenöl
Salz und Pfeffer aus der Mühle

Zum Garnieren:
5 EL Kürbiskerne
1 EL helle Sesamsamen

Zubereitung: 20 Minuten
Pro Portion ca. 355 kcal,
26 g F, 20 g KH, 8 g EW, 7 g BST

1 Die Gurken waschen und in mundgerechte Würfel schneiden. Die Pflaumen waschen, halbieren, entsteinen und in dünne Spalten schneiden. Die Avocado halbieren und den Stein entfernen. Die Avocadohälften schälen und das Fruchtfleisch in kleine Stücke schneiden. Die Petersilie waschen, trocken schütteln und die Blätter fein hacken.

2 Gurken, Pflaumenspalten, Avocado und Petersilie in einer Salatschüssel miteinander vermengen.

3 Alle Zutaten für das Dressing vermischen und unter den Salat heben.

4 Die Kürbiskerne und die Sesamsamen in einer Pfanne ohne Fett anrösten und über den Salat streuen.

Tipp:
Statt Pflaumen schmecken auch Pfirsiche sehr lecker in diesem Salat – je nach Jahreszeit.

GRÜNER KARTOFFELSALAT

Kartoffelsalat ist ein Klassiker der deutschen Küche. Der enthaltene Joghurt verleiht dieser Version eine cremige Konsistenz. Außerdem kommen Sonnenblumenkerne, Frühlingszwiebeln, Schnittlauch und Gurken hinzu, die dem Salat einen nussigen, aromatischen und würzigen Geschmack geben. Cremig, würzig und leicht nussig – einfach lecker!

Für 2 Portionen:

500 g Kartoffeln
1 Apfel
2 Frühlingszwiebeln
⅓ Salatgurke
2 Gewürzgurken

Für das Dressing:

50 g Blattspinat
5 EL Naturjoghurt oder pflanzliche Alternative
2 TL Leinöl
1 TL Senf
1 Spritzer Zitronensaft
Salz und Pfeffer aus der Mühle

Zum Garnieren:

3 EL Sonnenblumenkerne
etwas frisch gehackter Schnittlauch

Zubereitung: 35 Minuten

Pro Portion ca. 415 kcal, 11 g F, 59 g KH, 13 g EW, 7 g BST

1 Die Kartoffeln mit der Schale waschen und in Wasser in etwa 20 Minuten weich garen. Kalt abschrecken, pellen, in Scheiben schneiden und in eine Salatschüssel geben.

2 Inzwischen den Apfel waschen, vierteln, entkernen und fein reiben. Frühlingszwiebeln waschen und in dünne Ringe schneiden. Die Salatgurke waschen, längs halbieren und in Scheiben schneiden. Die Gewürzgurken ebenfalls längs halbieren und in Scheiben schneiden.

3 Apfel, Frühlingszwiebeln, Gurke und Gewürzgurken mit den Kartoffelscheiben vermengen.

4 Für das Dressing den Spinat verlesen, waschen und trocken schleudern. Alle Zutaten im Mixer cremig pürieren.

5 Die Sonnenblumenkerne für die Garnierung in einer Pfanne ohne Fett anrösten und abkühlen lassen.

6 Das Dressing über den Salat geben, alles miteinander vermengen und mit frisch gehacktem Schnittlauch und den gerösteten Sonnenblumenkernen garnieren.

Tipp:
Die Kartoffeln entwickeln beim Abkühlen resistente Stärke – gut für deine Darmbakterien!

ORIENTALISCHER HERBSTSALAT MIT HIRSE

Lust auf einen Salat, der satt macht? Hirse, Süßkartoffeln, Kürbis und Kichererbsen bilden die Grundlage für diesen köstlichen Herbstsalat. Ergänzt wird er durch Granatapfelkerne, eine typische Frucht in der Küche des Nahen Ostens. Orientalisches Essen wird vor allem durch seine aromatischen Gewürze zu einem besonderen Genuss. Lecker, gesund und etwas Besonderes!

Für 4 Portionen:

1 Süßkartoffel
½ Hokkaidokürbis
etwas Olivenöl
etwas Kreuzkümmelpulver
1 Glas Kichererbsen (Abtropfgewicht 220 g)
Salz
150 g Hirse
1 rote Zwiebel
½ TL Kokosöl
1 Granatapfel

Für das Dressing:

3 EL Mandelmus
2 EL Hefeflocken
½ TL milder Senf
½ TL Ceylon-Zimtpulver
etwas Kreuzkümmelpulver
1 Schuss Mandelmilch
Salz und Pfeffer aus der Mühle

Zum Garnieren:

etwas frisch gehackte Petersilie

Zubereitung: 45 Minuten

Pro Portion ca. 495 kcal,
18 g F, 64 g KH, 15 g EW, 9 g BST

1 Den Backofen auf 200 °C Ober- und Unterhitze vorheizen.

2 Die Süßkartoffel putzen, schälen oder waschen und in mundgerechte Stücke schneiden. Den Kürbis waschen und die Kerne mit einem Löffel entfernen. Den Kürbis in mundgerechte Stücke schneiden. Süßkartoffel- und Kürbisstücke in einer großen Schale mit etwas Olivenöl und 1 Prise Kreuzkümmelpulver vermengen.

3 Die Kichererbsen in ein Sieb abgießen, kalt abbrausen und abtropfen lassen. Anschließend in einer Schüssel mit etwas Salz und Olivenöl vermengen. Gemeinsam mit den Süßkartoffel- und den Kürbisstücken auf einem mit Backpapier ausgelegten Blech verteilen und im Backofen in 30 Minuten goldbraun backen.

4 Inzwischen die Hirse in kochendem Wasser nach Packungsanweisung garen. Die Zwiebel schälen, klein schneiden und in einer Pfanne im Kokosöl anbraten. Den Granatapfel halbieren und die Kerne herauslösen.

5 Alle Zutaten für das Dressing verrühren und mit den Salatzutaten in einer Schüssel vermengen. Den Salat mit Petersilie garnieren.

MÖHREN-GURKEN-SALAT

Der Möhren-Gurken-Salat ist eine gesunde und leichte Beilage. Zusammen mit frischer Minze, die dem Ganzen eine besondere Note verleiht, und nussigem, knackigem Sesam sowie einem aromatischen Dressing aus Sojasauce, Reisessig und Sesamöl wird aus dem alltäglichen Gemüse ein besonderer und gesunder Genuss.

Für 2 Portionen:

5 Minigurken
3 Möhren
1 rote Zwiebel
1 Bund Minze

Für das Dressing:

1 EL Sesamöl
3 EL Reisessig
3 EL Sojasauce
1 Knoblauchzehe, fein gehackt

Zum Garnieren:

2 EL helle Sesamsamen

Zubereitung: 25 Minuten

Pro Portion ca. 210 kcal,
12 g F, 15 g KH, 7 g EW, 8 g BST

1 Die Gurken waschen und längs in dünne Scheiben schneiden. Die Möhren putzen, schälen oder waschen und ebenfalls längs in dünne Scheiben schneiden. Die Zwiebel schälen, halbieren und in dünne Streifen schneiden. Die Minze waschen, trocken schütteln und die Blätter grob hacken.

2 Das Gemüse und die Minze in einer Salatschüssel miteinander vermengen.

3 Alle Zutaten für das Dressing miteinander verrühren, über den Salat geben und alles 15 Minuten ziehen lassen.

4 Inzwischen die Sesamsamen in einer Pfanne ohne Fett anrösten und abkühlen lassen. Den Salat damit garnieren.

THAILÄNDISCHER GLASNUDELSALAT

Fans der Thaiküche werden diesen Glasnudelsalat mit bunten, zarten Gemüsestreifen, knackiger Edamame, zarter Minze und duftigem Koriander lieben. Das Ingwer-Limetten-Dressing sorgt für den nötigen Kick und viel Würze. Ein schneller, gesunder und leichter Salat, der einfach immer passt!

1 Die Glasnudeln nach Packungsanweisung in Wasser garen. In ein Sieb abgießen und kalt abbrausen.

2 Inzwischen die Gurke waschen. Die Möhre und die Frühlingszwiebel putzen und waschen.

3 Die Paprikaschote halbieren, entkernen und ebenfalls waschen. Alles in dünne Streifen (Julienne) schneiden. Die Pilze putzen, trocken abreiben und in feine Scheiben schneiden.

4 Etwas Öl in einer Pfanne erhitzen und die Pilze darin bei mittlerer Hitze kurz anbraten.

5 Anschließend mit Julienne, Edamame und Glasnudeln in einer Salatschüssel vermischen.

6 Alle Zutaten für das Dressing miteinander verrühren und unter den Salat mengen. Diesen mit Erdnüssen, Minze- und Korianderblättern garnieren.

Für 2 Portionen:

100 g Glasnudeln

½ Salatgurke

je 1 Möhre, Frühlingszwiebel und rote Paprikaschote

200 g Champignons

etwas Kokosöl

3 EL Edamame

Für das Dressing:

5 EL Sojasauce

Saft von 1 Limette

etwas Dattelsirup & geriebener Ingwer

dunkle Sesamsamen

Zum Garnieren:

2 EL Erdnusskerne

einige Minze- und Korianderblättchen

Zubereitung: 25 Minuten

Pro Portion ca. 540 kcal, 19 g F, 65 g KH, 20 g EW, 13 g BST

GEMÜSESTICKS MIT HUMMUS

Für 4 Portionen:

Für den Hummus:

200 g getrocknete Kichererbsen

1 kleine Zwiebel

2 kleine Lorbeerblätter

4 Gewürznelken

Salz

3 Knoblauchzehen

1 TL Paprikpulver edelsüß

½ TL Kreuzkümmelpulver

1 Msp. Cayennepfeffer

3 EL Tahin (Sesampaste)

etwas frisch gehackte Petersilie

Saft von 1 Zitrone

Für die Gemüsesticks:

1 Salatgurke

2 Möhren

1 Paprikaschote

1 Kohlrabi

1 Staudensellerie

Zubereitung: 15 Minuten + 12 Stunden Einweichzeit + 1½ Stunden Garzeit

Pro Portion ca. 315 kcal, 11 g F, 34 g KH, 15 g EW, 13 g BST

Als Snack für zwischendurch machen sich diese Gemüsesticks, gedippt in selbst gemachten Hummus, ganz wunderbar. Die Kichererbsen im Hummus liefern Proteine und zudem jede Menge Ballaststoffe und sind damit gut für die Verdauung.

1 Für den Hummus die Kichererbsen in kaltem Wasser 12 Stunden einweichen. Anschließend in ein Sieb abgießen und kalt abbrausen.

2 Die Zwiebel schälen, halbieren und zusammen mit Kichererbsen, Lorbeerblättern und Gewürznelken in einem Topf mit Salzwasser aufkochen. Dann alles bei schwacher Hitze etwa 1½ Stunden köcheln lassen. Abgießen und abkühlen lassen.

3 Alles im Mixer mit geschältem Knoblauch, Paprika- und Kreuzkümmelpulver sowie Cayennepfeffer zu einer dicken Paste pürieren. Zum Schluss Tahin und Petersilie unterrühren und den Hummus mit Zitronensaft abschmecken.

4 Für die Gemüsesticks die Gurke waschen. Möhren, Paprikaschote, Kohlrabi und Staudensellerie putzen und waschen bzw. schälen. Alles in Sticks schneiden und mit dem Hummus zum Dippen servieren.

ZUCCHINI-POMMES

Zucchini-Pommes sind alternativ zu herkömmlichen Pommes die optimale Beilage oder auch ein origineller Snack. Paniert mit Leinsamen-Eiern und gebacken im Ofen werden sie zu einem ganz besonders knusprigen Genuss. Und das vollkommen ohne Fett. Gesund, kalorienarm, fettarm und sehr, sehr lecker!

1 Den Backofen auf 180 °C Ober- und Unterhitze vorheizen.

2 Die Zucchini waschen, längs halbieren und die Kerne mit einem Löffel entfernen. Die Zucchini in 1cm dicke Pommes schneiden und trocken reiben.

3 Eine Knoblauchzehe schälen, ganz fein hacken und mit den Leinsamen-Eiern in einem tiefen Teller vermengen. Den Polentagrieß mit Paprikapulver, Salz und Pfeffer in einem zweiten tiefen Teller vermischen.

4 Die Zucchini-Pommes zuerst in der Leinsamen-Mischung und anschließend in der Polenta wälzen. Auf einem mit Backpapier belegten Blech verteilen und im Backofen 25 bis 30 Minuten backen. Direkt servieren.

Für 2 Portionen:

400 g Zucchini
1 Knoblauchzehe
2 Leinsamen-Eier (siehe Tipp)
60 g Polentagrieß
etwas Paprikapulver edelsüß
Salz und Pfeffer aus der Mühle

Zubereitung: 15 Minuten + 25–30 Minuten Backzeit

Pro Portion ca. 125 kcal, 6 g F, 10 g KH, 5 g EW, 3 g BST

Tipp:
Für 1 Leinsamen-Ei: 1 EL geschrotete Leinsamen mit 3 EL Wasser vermischt 15 Minuten quellen lassen.

SAFTIGER KIMCHI

Kimchi steckt nicht nur voller Ballaststoffe, die die Darmgesundheit fördern, er trägt auch zur Vermehrung der guten Darmbakterien bei. Die koreanische Variante des Sauerkrauts ist eine echte Vitaminbombe aufgrund der vielen B-Vitamine und des enthaltenen Vitamin C. Ich sage immer: Für die Gesundheit ist Kimchi ein wahrer Segen!

Für 4 Gläser (à 300 ml):

1 Chinakohl

Salz

2 Knoblauchzehen

1 walnussgroßes Stück Ingwer

3 Frühlingszwiebeln

2 EL helle Sojasauce

1 TL Ahornsirup

1 EL Paprikapulver edelsüß

2 Lorbeerblätter

1½ EL Chiliflocken (optional)

Zubereitung: 325 Minuten + 12 Stunden Ruhezeit + 5 Tage Fermentierzeit

Pro Glas ca. 61 kcal, 1 g F, 7 g KH, 3 g EW, 4 g BST

1 Den Chinakohl putzen, waschen und in Streifen schneiden. Nochmals gründlich waschen und in einem Sieb abtropfen lassen. Anschließend in einer Schüssel mit 3 EL Salz vermengen und über Nacht im Kühlschrank ruhen lassen. Am nächsten Tag erneut waschen und trocken schleudern.

2 Den Knoblauch schälen und sehr fein hacken. Den Ingwer reiben. Die Frühlingszwiebeln waschen und in dünne Streifen schneiden. Alles zusammen mit Sojasauce, etwas Salz, Ahornsirup, Paprikapulver, Lorbeerblättern und nach Belieben Chiliflocken vermengen.

3 Die Marinade mit den Händen in den Chinakohl einmassieren. Den Kimchi abschmecken und nach Geschmack noch etwas Salz hinzufügen.

4 Den marinierten Chinakohl in ausgekochte Schraubgläser füllen und mit einem Holzlöffel nach unten drücken. Es sollten sich keine Luftblasen im Glas bilden. Etwas Platz nach oben lassen und die Gläser verschließen.

5 Den Kimchi bei Raumtemperatur 1 Tag und dann im Kühlschrank 4 Tage fermentieren lassen. Die Gläser einmal am Tag auf- und wieder zuschrauben. Im Kühlschrank aufbewahren.

Tipp:
Im Kühlschrank ist der Kimchi mind. 1 Monat haltbar. Am besten schmeckt er jedoch frisch.

CHAMPIGNONS MIT KNOBLAUCHSAUCE

Dieses köstliche Winterrezept ist der Inbegriff von Soulfood. Die frischen Champignons kombiniert mit einer herzhaften Knoblauchsauce sind leckere B-Vitamin-Lieferanten. Aber auch Mineralstoffe wie Eisen, Kupfer und Selen sind enthalten und unterstützen die körpereigenen Abwehrkräfte.

1 Für die Sauce den Knoblauch schälen, fein hacken und mit den restlichen Zutaten vermischen.

2 Die Pilze putzen, trocken abreiben und in einer Pfanne ohne Fett bei mittlerer Hitze etwa 2 Minuten anrösten. Anschließend das Olivenöl hinzufügen und die Pilze weitere 5 Minuten anbraten. Inzwischen den Knoblauch und die Zwiebel schälen, sehr fein hacken und zu den Pilzen geben. Die Gewürze unterrühren.

3 Die Knoblauchsauce abschmecken und 4 EL davon unter die Champignons heben. Die Pilze mit der restlichen Sauce separat anrichten und mit frisch gehacktem Schnittlauch garniert servieren.

Für 2 Portionen:

Für die Sauce:

2 Knoblauchzehen

350 g Naturjoghurt oder Joghurt auf Mandelbasis

je ½ TL getrockneter Oregano und Rosmarin

Saft von ½ Zitrone

Salz und Pfeffer aus der Mühle

Für die Pilze:

500 g Champignons

3 EL Olivenöl

2 Knoblauchzehen

1 Zwiebel

1 TL Paprikapulver edelsüß

½ TL Paprikapulver geräuchert

Salz und Pfeffer aus der Mühle

Zum Garnieren:

etwas frisch gehackter Schnittlauch

Zubereitung: 20 Minuten

Pro Portion ca. 320 kcal, 22 g F, 11 g KH, 16 g EW, 4 g BST

HAUPT-GERICHTE

Hauptgerichte sollen im besten Fall Vitamine, Mineralstoffe und auch Ballaststoffe liefern und für eine wohliges Gefühl im Bauch sorgen. Du wirst sehen: Mit nur wenigen Zutaten kannst du schnell und einfach bunte und leckere Gerichte zaubern!

ONE-POT-KICHERERBSEN-QUINOA-CURRY

Dies ist das perfekte Rezept für alle Curry-Liebhaber. Die in diesem Gericht verwendete Quinoa sowie die Kichererbsen sind reichhaltig und weisen viele gesunde Nährstoffen auf. Auch sind sie eine Quelle für hochwertiges pflanzliches Eiweiß. Das Curry ist ganz schnell zubereitet und bildet ein köstliches wie originelles Hauptgericht.

1 Die Kichererbsen in ein Sieb abgießen, kalt abbrausen und abtropfen lassen. Die getrockneten Tomaten klein schneiden. Den Spinat verlesen, waschen und trocken schleudern.

2 Alle Zutaten (bis auf den Spinat) mit 300 ml Wasser in einem Topf gut verrühren und bei starker Hitze aufkochen. Anschließend zugedeckt bei mittlerer Hitze 13 Minuten köcheln lassen, bis kein Wasser mehr vorhanden ist.

3 Am Schluss etwas Wasser hinzugeben, falls das Curry zu trocken ist. Den Spinat unterrühren und alles 5 Minuten ziehen lassen.

4 Das Curry auf Teller verteilen und mit Petersilie garniert servieren.

Tipp:
Mein Geheimnis ist eine zusätzliche Prise Kräutersalz!

Für 2 Portionen:

1 Glas Kichererbsen (Abtropfgewicht 220 g)
5 getrocknete Tomaten
1 Handvoll Babyspinat
1 Handvoll TK-Erbsen
180 g Quinoa
3 EL Tomatenmark
1 EL Tahin (Sesampaste)
Saft von 1 Limette
1 TL Currypulver
Salz und Pfeffer aus der Mühle

Zum Garnieren:

etwas frisch gehackte Petersilie

Zubereitung: 30 Minuten

Pro Portion ca. 600 kcal,
14 g F, 86 g KH, 25 g EW, 15 g BST

ROTE-BETE-GAZPACHO

Hinter dieser Rote-Bete-Gazpacho versteckt sich eine köstliche kalte Gemüsesuppe für den kleinen Hunger. Rote Bete ist ein echtes Superfood. Sie ist reich an Vitamin B, Kalium, Eisen und Folsäure, reinigt das Blut, entsäuert den Organismus und senkt einen hohen Blutdruck. Ihre rote Farbe ist nicht nur ein Eyecatcher, die Gazpacho ist dank ihr auch besonders gesund.

Für 2 Portionen:

1 Salatgurke

5 Radieschen

200 g Rote Bete (vorgegart und vakuumiert)

350 g Naturjoghurt oder pflanzliche Alternative

200 ml Sprudelwasser

Salz und Pfeffer aus der Mühle

Zum Garnieren:

3 Frühlingszwiebeln

etwas frisch gehackter Dill

Zubereitung: 15 Minuten

Pro Portion ca. 210 kcal, 7 g F, 22 g KH, 10 g EW, 5 g BST

1 Die Gurke waschen und raspeln. Die Frühlingszwiebeln für die Garnierung putzen, waschen und in feine Ringe schneiden. Die Radieschen putzen, waschen und hobeln. Die Roten Beten grob raspeln.

2 Den Naturjoghurt mit dem Sprudelwasser verrühren und auf Schalen verteilen.

3 Das Gemüse hinzufügen und alles mit Salz und Pfeffer würzen. Mit Frühlingszwiebeln und Dill garniert servieren.

Tipp:
Zur kühlen Gazpacho schmecken gekochte Kartoffeln.

KARTOFFEL-GEMÜSE-PFANNE MIT SPARGEL

Viel Appetit? Dann ist diese Kartoffelpfanne mit frischem Gemüse genau das Richtige für dich. Die knusprigen Kartoffeln aus dem Ofen zusammen mit dem frischen Gemüse sind einfach superlecker. Der gekochte grüne Spargel macht das Gericht mit seinem besonderen Geschmack zu einer echten Delikatesse.

1 Den Backofen auf 200 °C Ober- und Unterhitze vorheizen.

2 Die Drillinge mit der Schale gründlich waschen und halbieren. Auf einem mit Backpapier ausgelegten Blech im Backofen 30 Minuten garen, bis sie leicht bräunlich sind. Inzwischen den Spargel waschen und im unteren Drittel schälen. Die holzigen Enden abschneiden. Die Stangen in kochendem Salzwasser etwa 5 Minuten garen.

3 Die Zwiebel schälen und klein schneiden. Den Sellerie waschen und in Scheiben schneiden. Die Paprikaschote halbieren, entkernen, waschen und in Würfel schneiden. Die Cocktailtomaten waschen und halbieren. Den Knoblauch schälen und ganz fein schneiden.

4 In einer Pfanne 1 TL Öl erhitzen und das Gemüse (bis auf die Tomaten und den Spargel) darin bei mittlerer Hitze etwa 5 Minuten anbraten. Mit Salz, Pfeffer, Paprika- und Kreuzkümmelpulver würzen. Den Knoblauch und die Tomaten dazugeben und alles weitere 5 Minuten garen.

5 Die Kartoffeln sowie den Spargel in die Pfanne geben und alles mit dem Limettensaft ablöschen. Auf Teller verteilen und mit der Petersilie garniert servieren.

Für 2 Portionen:

400 g Drillinge
400 g grüner Spargel
Salz
1 rote Zwiebel
1 Stange Staudensellerie
1 gelbe Paprikaschote
250 g Cocktailtomaten
1 Knoblauchzehe
3 TL Sesamöl
Pfeffer aus der Mühle
1 TL Paprikapulver edelsüß
1 TL Kreuzkümmelpulver
2 EL Limettensaft

Zum Garnieren:

etwas frisch gehackte Petersilie

Zubereitung: 40 Minuten

Pro Portion ca. 300 kcal,
8 g F, 42 g KH, 9 g EW, 8 g BST

LINSENWRAPS MIT PILZEN UND HUMMUS

Wraps mal anders. Diese Variante aus einem Linsenteig ist die einfache Antwort für alle, die bisher auf der Suche nach glutenfreien, gesunden Wraps waren. Die schnell gemachten und einfach köstlichen Linsentortillas enthalten kein Mehl, außerdem sind sie fettarm, eiweißreich und sehr gesund.

Für 2 Portionen:

Für die Wraps:

200 g Rote Linsen

1 TL Salz

etwas Kokosöl

Für die Füllung:

250 g Pilze (z. B. Kräuterseitlinge oder Shiitake)

100 g Rucola

einige Salbeiblätter

etwas Kokosöl

Salz und Pfeffer aus der Mühle

150 g Hummus

Zubereitung: 30 Minuten + 12 Stunden Einweichzeit

Pro Portion ca. 715 kcal, 26 g F, 82 g KH, 37 g EW, 13 g BST

1 Für die Wraps die Linsen über Nacht in Wasser einweichen. Anschließend in einem Sieb abbrausen und mit 350 ml frischem Wasser und dem Salz im Mixer pürieren.

2 Etwas Öl in einer Pfanne erhitzen und den Teig darin portionsweise von beiden Seiten bei mittlerer Hitze zu Wraps ausbacken.

3 Für die Füllung die Pilze putzen, trocken abreiben und klein schneiden. Den Rucola verlesen, waschen und trocken schleudern. Den Salbei waschen und trocken tupfen.

4 Etwas Öl in einer Pfanne erhitzen und die Pilze darin mit dem Salbei bei mittlerer Hitze anbraten. Mit Salz und Pfeffer würzen.

5 Die Wraps mit dem Hummus bestreichen, mit Rucola und der Pilzmischung belegen, einrollen und servieren.

Tipp:
Die Wraps können wie gekaufte Weizentortillas mit allem Möglichen gefüllt werden.

Tipp:

Je dünner du die Kartoffeln schneidest, desto feiner schmeckt es!

KARTOFFEL-ZUCCHINI-LACHS-AUFLAUF

Dieses Fischgericht ist Schicht für Schicht ein Genuss. Hier kommt ein cremiges Gratin aus hauchdünnen Kartoffelscheiben, Cashew-Cuisine und Zucchini, die dem Ganzen eine frische Note geben. Der Lachs on top bringt seinen typischen, aromatischen Geschmack mit. Dieser reichhaltige Auflauf ist ein echter Klassiker.

1 Den Backofen auf 200 °C Ober- und Unterhitze vorheizen.

2 Die Kartoffeln mit der Schale waschen und in Wasser in etwa 20 Minuten weich garen. Anschließend pellen.

3 Die Zucchini putzen, waschen und in Scheiben schneiden. Gepellte Kartoffeln ebenfalls in Scheiben schneiden. Den Lachs waschen und trocken tupfen.

4 Das Gemüse in eine Auflaufform geben und mit dem Lachs belegen.

5 Den Knoblauch schälen, fein schneiden und mit Cashew-Cuisine, Dill, Senf, Salz und Pfeffer verrühren und über den Auflauf geben.

6 Diesen im Backofen 25 Minuten garen und mit Dill garniert servieren.

Für 3 Portionen:

500 g Kartoffeln

250 g Zucchini

3 Lachsfilets

1 Knoblauchzehe

¼ l Cashew-Cuisine

etwas frisch gehackter Dill, plus mehr zum Garnieren

3 TL milder Senf

Salz und Pfeffer aus der Mühle

Zubereitung: 10 Minuten + 45 Minuten Garzeit

Pro Portion ca. 495 kcal, 24 g F, 31 g KH, 36 g EW, 3 g BST

BUCHWEIZEN-RISOTTO MIT KARTOFFELPUFFERN

Für 2 Portionen:

Für die Kartoffelpuffer:

500 g Kartoffeln

1 Zwiebel

3 EL Kichererbsenmehl

je 1 Prise getrockneter Majoran, Knoblauchpulver und frisch geriebene Muskatnuss

1 TL Salz

Pfeffer aus der Mühle und etwas Olivenöl zum Braten

Für das Risotto:

je 20 g Möhre, Lauch und Staudensellerie

1 Schalotte

1 TL Weidebutter

120 g Buchweizen

1 Lorbeerblatt

2 EL Apfelsaft

¼ l Gemüsebrühe

frisch geriebene Muskatnuss

je 1 EL Cashew-Cuisine und Cashewmus

Salz und Pfeffer aus der Mühle

Zubereitung: 60 Minuten

Pro Portion ca. 725 kcal, 27 g F, 98 g KH, 17 g EW, 9 g BST

Der Buchweizen ersetzt im Risotto den Reis und bietet eine gesündere und schmackhafte Alternative, da er viele Nährstoffe enthält. Kombiniert mit knusprigen Kartoffelpuffern ist das Gericht ein echter Hit auf dem Teller.

1 Für die Kartoffelpuffer die Kartoffeln schälen, waschen und raspeln, dann gut ausdrücken. Die Zwiebel schälen und fein schneiden. Die geraspelten Kartoffeln mit Zwiebel, Kichererbsenmehl, Majoran, Gewürzen, Salz und 1 Prise Pfeffer vermischen und zu Kartoffelpuffern formen.

2 Etwas Olivenöl in einer Pfanne erhitzen und die Puffer darin von beiden Seiten bei mittlerer Hitze goldbraun braten. Warm beiseitestellen.

3 Für das Risotto Möhre, Lauch und Staudensellerie putzen, waschen und fein schneiden. Die Schalotte schälen und fein schneiden.

4 Die Butter in einem Topf zerlassen und die Schalotte darin glasig andünsten. Den Buchweizen und das Lorbeerblatt hinzugeben, kurz mitanbraten. Alles nach und nach mit dem Apfelsaft und der Brühe unter ständigem Rühren aufgießen. Dann 1 Prise Muskatnuss hinzugeben.

5 Wenn der Buchweizen fast gar ist, das geschnittene Gemüse hinzufügen. Zum Schluss Cashew-Cuisine und Cashewmus unterrühren, das Lorbeerblatt entfernen und das Risotto mit Salz und Pfeffer abschmecken. Die Kartoffelpuffer auf Tellern anrichten und mit Risotto toppen.

GEFÜLLTER CHICORÉE MIT GURKENSALAT

Wenn du dieses Gericht genießt, freut sich dein Entgiftungsorgan – die Leber. Denn der Chicorée enthält reichlich Bitterstoffe, die sie bei der Fettverdauung unterstützen. Gleichzeitig hilfst du damit deinem Darm bei seiner Hauptaufgabe, der Verdauung, und entlastest ihn. Dieses Rezept ist aber nicht nur gesund, sondern ein echtes Soulfood.

1 Den Backofen auf 160 °C Ober- und Unterhitze vorheizen.

2 Den Chicorée putzen, waschen und mit einem Löffel aushöhlen. Die Zwiebel schälen und hacken. Die Zucchini putzen, waschen und in Würfel schneiden. Die Paprikaschoten halbieren, entkernen, waschen und ebenfalls in Würfel schneiden.

3 Die Butter in einer Pfanne zerlassen und die Zwiebel darin bei mittlerer Hitze glasig andünsten. Die Paprika und die Zucchini kurz mitgaren und mit Thymian, Salz und Pfeffer würzen.

4 Die Gemüsemischung in die Chicorée füllen. Diese auf ein mit Backpapier ausgelegtes Blech geben, mit Olivenöl beträufeln und im Backofen 15 Minuten schmoren.

5 Inzwischen für den Gurkensalat die Gurke waschen, der Länge nach halbieren, entkernen und in dünne Scheiben hobeln. Den Knoblauch schälen und fein schneiden. Die Gurke in einer Schüssel mit Knoblauch, Joghurt, Salz und Pfeffer vermischen.

6 Den Chicorée auf Teller verteilen und mit dem Gurkensalat anrichten. Diesen mit gehacktem Dill garnieren.

Für 2 Portionen:

Für den Chicorée:

4 Chicorée
1 rote Zwiebel
½ kleine Zucchini (ca. 60 g)
je ½ gelbe und rote Paprikaschote (à ca. 60 g)
1 EL Weidebutter
½ TL Thymianblättchen
Salz und Pfeffer aus der Mühle
1 EL Olivenöl

Für den Gurkensalat:

1 Salatgurke
1 Knoblauchzehe
250 g Naturjoghurt oder pflanzliche Alternative
Salz und Pfeffer aus der Mühle
etwas frisch gehackter Dill zum Garnieren

Zubereitung: 40 Minuten

Pro Portion ca. 245 kcal,
15 g F, 15 g KH, 9 g EW, 5 g BST

BUNTES OFENGEMÜSE MIT KRÄUTERDIP

Für 3 Portionen:

Für das Gemüse:

3 rote Zwiebeln
1 kleine Sellerieknolle
1 Rote Bete
2 Süßkartoffeln
1 Fenchelknolle
2 Möhren
1 Pastinake
200 g Champignons
1 Knoblauchknolle
4 EL Olivenöl
Salz
4 Kartoffeln
1 Bund Thymian

Für den Dip:

je ½ Bund Petersilie und Schnittlauch
75 g Naturjoghurt oder Joghurt auf Mandelbasis
2 Knoblauchzehen
2 EL Tahin (Sesampaste)
Salz und Pfeffer aus der Mühle

Zubereitung: 25 Minuten + 55 Minuten Garzeit

Pro Portion ca. 683 kcal, 23 g F, 90 g KH, 17 g EW, 19 g BST

Ohne viel Aufwand versorgst du mit diesem Gericht deinen Körper mit vielen Nährstoffen. Das verwendete Gemüse kannst du nach Lust und Laune variieren. Je bunter, desto besser – getreu dem Motto: Eat the rainbow!

1 Den Backofen auf 200 °C Ober- und Unterhitze vorheizen.

2 Die Zwiebeln schälen und in grobe Spalten schneiden. Sellerie, Rote Bete und Süßkartoffeln putzen, waschen und in grobe Stücke schneiden. Den Fenchel putzen, waschen und vierteln. Möhren und Pastinake putzen, waschen und längs halbieren. Die Pilze putzen und trocken abreiben. Die Knoblauchknolle ungeschält halbieren. Das Gemüse in einer Schüssel mit 3 EL Olivenöl und Salz mischen.

3 Die Kartoffeln mit der Schale gründlich waschen, fächerartig quer einschneiden und auf einem Backblech verteilen. In einer Schale 1 EL Olivenöl mit Salz vermischen, die Kartoffeln damit bestreichen und im Backofen 25 Minuten backen.

4 Anschließend das Gemüse um die Kartoffeln verteilen und alles weitere 30 Minuten backen. Inzwischen den Thymian waschen, trocken schütteln und die Blätter abzupfen. Etwa 10 Minuten vor Ende der Backzeit über das Gemüse streuen.

5 Die Kräuter für den Dip waschen, trocken schütteln und zusammen mit den restlichen Zutaten im Mixer cremig pürieren. Das Ofengemüse mit dem Dip servieren.

Tipp:
Für noch mehr Eiweiß mit gebratenem Hähnchenbrustfilet servieren.

BUNTE PROTEIN-BOWL MIT GERSTENGRAUPEN

Diese Bowl versorgt dich mit Eiweiß, Omega-3-Fettsäuren, Betacarotin, Vitamin C und noch vielem mehr. Zudem sind die Gerstengraupen eine gute Ballaststoffquelle. Ich esse Bowls gerne an warmen Tagen, da sie eher leicht verdaulich sind.

Für 2 Portionen:

1 Süßkartoffel

Salz

1½ EL Olivenöl

150 g Gerstengraupen

1 Glas Kichererbsen (Abtropfgewicht 220 g)

½ TL Kreuzkümmelpulver

½ Rotkohl

2 Möhren

1 Avocado

Saft von 1 Limette

Für die Joghurtsauce:

5 EL Naturjoghurt oder Joghurt auf Mandelbasis

Saft von 1 Limette

1 EL milder Senf

Salz und Peffer aus der Mühle

Zum Garnieren:

1 Handvoll Brombeeren

1 EL geschälte Hanfsamen

etwas frisch gehackte Petersilie

Zubereitung: 40 Minuten

Pro Portion ca. 925 kcal, 27 g F, 124 g KH, 27 g EW, 26 g BST

1 Den Backofen auf 200 °C Ober- und Unterhitze vorheizen.

2 Die Süßkartoffel putzen, schälen und in längliche Stücke schneiden. Mit Salz und 1 EL Olivenöl mischen, auf einem Blech verteilen und im Backofen 15 bis 20 Minuten backen.

3 Die Graupen in 300 ml Wasser 5 Minuten kochen, den Herd ausschalten und die Graupen zugedeckt ausquellen lassen.

4 Die Kichererbsen in ein Sieb abgießen, kalt abbrausen und abtropfen lassen. Mit Salz, Kreuzkümmel und ½ EL Olivenöl mischen und bei starker Hitze 5 Minuten anbraten.

5 Den Rotkohl putzen, waschen und in feine Streifen schneiden. Die Möhren putzen, schälen und raspeln. Die Avocado halbieren und den Stein entfernen. Die Avocadohälften schälen und das Fruchtfleisch längs in Scheiben schneiden. Die Brombeeren für die Garnierung verlesen, waschen und trocken tupfen.

6 Für die Sauce alle Zutaten mit dem Schneebesen verrühren.

7 Alle Komponenten auf zwei Schalen verteilen. Mit Limettensaft und Joghurtsauce beträufeln. Mit Beeren, Hanfsamen und Petersilie garnieren.

VOLLKORNPASTA MIT KÜRBISKERNPESTO

Ob für die ganze Familie oder nur für dich alleine – das Pesto ist einfach und schnell gemacht (ohne viel Aufwand) und auch unabhängig von der Jahreszeit zuzubereiten. Kürbiskerne enthalten übrigens eine Menge Magnesium und die Hefeflocken sind reich an B-Vitaminen und Folsäure: Dieses Gericht geht einfach immer!

Für 1 Portion:
100 g Vollkornnudeln
Salz

Für das Pesto:
60 g Kürbiskerne
20 g Basilikumblätter
1 Knoblauchzehe
4 EL Hefeflocken
1 EL Sojasauce
2 TL Apfelessig
Salz und Pfeffer aus der Mühle

Zum Garnieren:
1 EL geschälte Hanfsamen
einige Basilikumblättchen

Zubereitung: 20 Minuten

Pro Portion ca. 910 kcal,
37 g F, 80 g KH, 57 g EW,
24 g BST

1 Die Vollkornnudeln in reichlich kochendem Salzwasser nach Packungsanweisung kochen.

2 Inzwischen die Kürbiskerne für das Pesto in einer Pfanne ohne Fett anrösten. Anschließend mit den Basilikumblättern, der geschälten Knoblauchzehe, den Hefeflocken, der Sojasauce und dem Apfelessig im Mixer pürieren.

3 Das fertige Pesto mit Salz und Pfeffer abschmecken und zusammen mit den Vollkornnudeln auf Tellern anrichten. Die Pasta mit Hanfsamen und Basilikum garniert servieren.

EINTOPF MIT SELLERIE UND ZUCCHINI

Dieser Eintopf wärmt von innen und ist daher eines meiner Lieblingsgerichte für kalte Tage. Mein absoluter Geheimtipp ist der Schuss Balsamico – er verleiht dem Gericht eine einzigartige fruchtige Note. Wenn du die Linsen einige Stunden vorher einweichst, sparst du nicht nur Kochzeit, sie werden dadurch auch bekömmlicher.

1 Das Gemüse (bis auf die Zucchini) putzen, waschen bzw. schälen und in mundgerechte Stücke schneiden. Die Zwiebel und den Knoblauch schälen und in feine Würfel schneiden.

2 Anschließend das Gemüse in einem Topf mit Zwiebel, Knoblauch, Oregano, Basilikum, etwas Salz und Pfeffer in ½ l Wasser etwa 20 Minuten dünsten.

3 Inzwischen die Zucchini putzen, waschen und in Scheiben schneiden. Die Kichererbsen in ein Sieb abgießen, kalt abbrausen und abtropfen lassen.

4 Zucchini, Vollkorn-Spirelli und Kichererbsen mit in den Topf geben und alles weitere 5 bis 10 Minuten dünsten. Mit Salz, Pfeffer und Aceto balsamico abschmecken.

5 Den Eintopf auf Teller verteilen und mit frisch gehackter Petersilie garnieren.

Für 2 Portionen:

1 Stück Knollensellerie (ca. 50 g)
2 Möhren (ca. 150 g)
450 g Tomaten
1 grüne Paprikaschote
1 Zwiebel
1 Knoblauchzehe
1 TL getrockneter Oregano
1 TL getrocknetes Basilikum
Salz und Pfeffer aus der Mühle
1 kleine Zucchini (ca. 170 g)
1 Glas Kichererbsen (Abtropfgewicht 220 g)
150 g gekochte Vollkorn-Spirelli
1 Schuss Aceto balsamico

Zum Garnieren:

etwas frisch gehackte Petersilie

Zubereitung: 40 Minuten

Pro Portion ca. 380 kcal,
4 g F, 56 g KH, 18 g EW, 17 g BST

MEDITERRANE HÄHNCHEN-BOWL MIT ZAZIKI

Für 2 Portionen:

250 g Quinoa

1 rote Paprikaschote

etwas Olivenöl

1 große Avocado

Saft von ½ Zitrone

etwas frisch gehackter Dill

Salz

30 g Feta aus Schafs- oder Ziegenmilch

1 rote Zwiebel

Für das Hähnchen:

Saft von 1 Zitrone

1 TL Aceto balsamico

1 TL Honig

1 TL getrockneter Oregano

Salz und Pfeffer aus der Mühle

2 Hähnchenbrustfilets

Für das Zaziki:

1 Salatgurke

250 g griechischer Joghurt oder Joghurt auf Mandelbasis

2 Knoblauchzehen, gehackt

1 EL Leinöl

1 TL Apfelessig

etwas frisch gehackter Dill & Salz

Zubereitung: 40 Minuten

Pro Portion ca. 1125 kcal,
49 g F, 99 g KH, 62 g EW, 17 g BST

Wenn du keine Quinoa zur Hand hast, eignet sich stattdessen Hirse oder Couscous gut. Das Zaziki verfeinere ich gerne mit einem Esslöffel Leinöl, wodurch er noch herzhafter wird und so geschmacklich fein zum Hähnchenbrustfilet passt.

1 Den Backofen auf 200 °C Ober- und Unterhitze vorheizen. Für das Hähnchen Zitronensaft, Aceto balsamico, Honig, Oregano, Salz und Pfeffer vermischen. Die Hähnchenbrustfilets waschen, trocken tupfen und darin marinieren.

2 Die Quinoa in kochendem Wasser nach Packungsanweisung zubereiten. Inzwischen die Paprikaschote halbieren, entkernen, waschen, in Streifen schneiden und auf ein mit Backpapier ausgelegtes Blech legen, mit etwas Olivenöl beträufeln und im Backofen etwa 20 Minuten backen.

3 Inzwischen die Avocado halbieren und den Stein entfernen. Die Avocadohälften schälen und das Fruchtfleisch in kleine Stücke schneiden. In einer Schüssel mit Zitronensaft, Dill und etwas Salz vermengen. Den Feta dazubröseln und untermengen.

4 Für das Zaziki die Gurke waschen und raspeln. Joghurt, Knoblauch, Leinöl, Apfelessig, Dill und Salz untermischen.

5 Olivenöl in einer Pfanne erhitzen und das Hähnchen von beiden Seiten bei mittlerer Hitze etwa 5 Minuten anbraten. Die Zwiebel schälen, halbieren und in dünne Streifen schneiden. Die Quinoa mit Avocadosalat, Paprika, Zwiebel, Hähnchenbruststreifen und Zaziki auf Schalen verteilen und servieren.

Tipp:

Lass für eine vegetarische oder vegane Zaziki-Bowl einfach das Hähnchen weg.

Tipp:
Hacke die Pistazienkerne nicht zu klein, damit die Panade schön knusprig wird.

PISTAZIEN-LACHS MIT LINSENREISSALAT

Diese Kombination vereint Omega-3-Fettsäuren mit Ballaststoffen. Pistazien enthalten das wichtige Vitamin B_1, welches die Gewinnung und Speicherung von Energie sowie die Erhaltung des Nerven- und Herzmuskelgewebes unterstützt.

1 Den Backofen auf 200 °C Ober- und Unterhitze vorheizen.

2 Für den Salat die Zucchini putzen, waschen und längs in Streifen schneiden. Auf ein mit Backpapier ausgelegtes Blech legen, mit Olivenöl, Salz und Pfeffer würzen und im Backofen 20 Minuten backen.

3 Inzwischen den Linsenreis in kochendem Wasser nach Packungsanweisung zubereiten. Die Tomaten und Gurken waschen, in mundgerechte Stücke schneiden, salzen und in ein Sieb geben, um überschüssiges Wasser zu entfernen. Die Pistazien hacken oder im Mixer zerkleinern.

4 Alle Zutaten für das Dressing verrühren und unter den Linsenreis mischen. Diesen mit Tomaten, Gurken, Zucchini, 50 g Pistazien und den Kräutern vermengen.

5 Für den Fisch Senf, Olivenöl, Honig, Zitronensaft, Salz und Pfeffer verrühren. Den Fisch waschen, trocken tupfen, auf ein mit Backpapier ausgelegtes Backblech legen, mit der Marinade bestreichen und mit den restlichen Pistazien belegen. Im Backofen etwa 15 Minuten backen.

6 Den Salat auf Teller verteilen und je ein Fischfilet darauf anrichten.

Für 2 Portionen:

Für den Salat:

2 Zucchini
etwas Olivenöl
Salz und Pfeffer aus der Mühle
200 g Reis aus Linsen
250 g Cocktailtomaten
2 Salatgurken
200 g Pistazienkerne
je etwas frisch gehackte/r Petersilie und Koriander

Für das Dressing:

2 EL milder Senf
1 TL Honig
3 EL Olivenöl
Saft von ½ Zitrone
Salz und Pfeffer aus der Mühle

Für den Fisch:

2 EL milder Senf
2 EL Olivenöl
2 TL Honig
Saft von ½ Zitrone
Salz und Pfeffer aus der Mühle
2 Bio-Lachsfilets oder -Forellenfilets

Zubereitung: 30 Minuten + 14 Minuten Garzeit

Pro Portion ca. 1655 kcal, 102 g F, 89 g KH, 84 g EW, 23 g BST

RATATOUILLE-PFANNE MIT RINDERFILET

Wer es herzhaft und würzig mag, ist hier genau richtig. Dieses leckere Pfannengericht aus frischem Gemüse schmeckt sowohl mit als auch ohne die Fleischbeilage und ist für die ganze Familie geeignet. Auch Körnerbrot (siehe Seite 73) schmeckt gut dazu und sorgt für eine Extraportion Ballaststoffe.

Für 2 Portionen:

Für das Rinderfilet:

300 g Filet vom Weiderind
3 EL Sojasauce
2 EL Olivenöl
Pfeffer aus der Mühle

Für das Ratatouille:

je 1 rote, grüne und gelbe Paprikaschote
1 Zucchini
100 g Champignons
200 g Tomaten
2 Zwiebeln
8 Zweige Thymian
1 Knoblauchzehe
3 TL Olivenöl
1 TL Tomatenmark
Salz und Pfeffer aus der Mühle

Zubereitung: 40 Minuten bzw. 1½ Stunden mit Rinderfilet

Pro Portion ca. 465 kcal, 25 g F, 14 g KH, 40 g EW, 8 g BST

1 Den Backofen auf 180 °C Ober- und Unterhitze vorheizen. Das Filet mit Sojasauce und Olivenöl einreiben. In einer heißen Pfanne von allen Seiten bei starker Hitze hellbraun anbraten. Anschließend im Backofen 10 Minuten backen. Die Temperatur auf etwa 65 °C reduzieren und das Filet mindestens 1½ Stunden garen.

2 Inzwischen die Paprika längs halbieren, entkernen, waschen und in Stücke schneiden. Die Zucchini waschen und in Stücke schneiden. Champignons putzen, trocken abreiben und halbieren. Die Tomaten waschen und in Stücke schneiden. Die Zwiebeln schälen und in kleine Würfel schneiden. Den Thymian waschen, trocken schütteln und die Blättchen grob hacken. Den Knoblauch schälen und fein hacken.

3 In einer Pfanne 1 TL Olivenöl erhitzen und die Paprika darin bei mittlerer Hitze 3 Minuten anbraten. Die Zucchini 3 Minuten mitbraten. Beides aus der Pfanne nehmen. Erneut 1 TL Olivenöl erhitzen und die Pilze darin 5 Minuten anbraten, herausnehmen. Wieder 1 TL Olivenöl erhitzen und Zwiebeln sowie Knoblauch darin glasig andünsten. Das Tomatenmark hinzugeben und unter Rühren rösten. Das Gemüse und den Thymian hinzugeben und 5 Minuten braten. Mit Salz und Pfeffer abschmecken.

4 Das Gemüse auf Teller verteilen. Das Filet pfeffern, in fingerdicke Scheiben schneiden und auf dem Ratatouille anrichten.

Tipp:
Auch ohne Fleisch schmeckt das klassische Ratatouille ganz wunderbar.

Tipp:
Bei diesem Gericht kommt es auf die richtige Wahl der Gewürze an!

ROTE-LINSEN-DAL

Ein echter Klassiker der indischen Küche ist ein Linsen-Dal. Wusstest du, dass Rote Linsen mit wahnsinnig vielen Vitalstoffen punkten? Gerade Mineralstoffe wie Eisen, Folsäure, Magnesium, Zink und auch B-Vitamine sind zahlreich enthalten. Außerdem sind die kleinen Hülsenfrüchte reich an Antioxidantien.

1 Die Zwiebel und den Knoblauch schälen und klein hacken. Den Ingwer reiben.

2 Das Öl in einem großen Topf erhitzen und die Zwiebel darin glasig andünsten. Die Gewürze und den Ingwer dazugeben und alles kurz anrösten, bis es gut duftet. Den Knoblauch hinzufügen und alles mit den Tomaten ablöschen.

3 Die Linsen in einem Sieb abbrausen und abtropfen lassen. Dann in den Topf geben, mit 400 ml Wasser und der Kokosmilch aufgießen und aufkochen. Alles zugedeckt etwa 30 Minuten köcheln lassen, bis die Linsen den größten Teil der Flüssigkeit aufgenommen haben. Zwischendurch umrühren und nach Bedarf mehr Wasser hinzugießen.

4 Das Dal mit Salz, Pfeffer und Limettensaft abschmecken. Auf Teller verteilen und nach Belieben mit Joghurt sowie mit Koriander und frisch gemahlenem Pfeffer garnieren.

Für 4 Portionen:

1 Zwiebel
2 Knoblauchzehen
1 walnussgroßes Stück Ingwer
2 EL Kokosöl
je 1 TL Kurkuma-, Koriander-, und Kreuzkümmelpulver
1 TL Paprikapulver edelsüß
1 TL Garam Masala
400 g stückige Tomaten (aus dem Glas)
450 g Rote Linsen
400 g Kokosmilch
Salz und Pfeffer aus der Mühle
Saft von ½ Limette

Zum Garnieren:

etwas Naturjoghurt oder pflanzliche Alternative (optional)
etwas frisch gehackter Koriander
Pfeffer aus der Mühle

Zubereitung: 50 Minuten

Pro Portion ca. 705 kcal, 30 g F, 71 g KH, 34 g EW, 6 g BST

FEEL-GOOD-PIZZA MIT BLUMENKOHLTEIG

Du solltest diese „Wohlfühlpizza“ mindestens einmal probiert haben. Ich sage: Übung macht den Meister. Auch wenn die Zubereitung des Teiges aus Blumenkohl nicht ganz einfach ist, schmeckt das Ergebnis einfach fantastisch! Es lohnt sich also allemal, das klassische Pizzarezept einmal durch dieses auszutauschen.

Für 4 Portionen:

Für den Teig:

3 EL geschrotete Leinsamen
1 Knoblauchzehe
½ Blumenkohl (ca. 450 g)
Salz
60 g gemahlene Mandeln
1 TL getrockneter Oregano

Für den Belag:

½ Aubergine
2 Tomaten
1 rote Zwiebel
5 Champignons
250 g passierte Tomaten
1 EL Kräuter der Provence
Salz und Pfeffer aus der Mühle

Zum Garnieren:

1 Handvoll Rucola
2 EL geschälte Hanfsamen

Zubereitung: 50 Minuten

Pro Portion ca. 215 g,
13 g F, 9 g KH, 11 g EW, 9 g BST

1 Für den Teig die Leinsamen mit 6 EL Wasser vermischen und 15 Minuten quellen lassen. Den Knoblauch schälen und hacken. Den Blumenkohl putzen, waschen, in Röschen teilen und im Multizerkleinerer oder mit dem Messer sehr fein hacken.

2 Salzwasser in einem Topf aufkochen und den Blumenkohl darin 8 Minuten garen. In ein Sieb abgießen und die Flüssigkeit mit einem Löffel herauspressen oder den Kohl in ein Küchentuch wickeln und auspressen. In einer Schüssel abkühlen lassen.

3 Den Backofen auf 200 °C Ober- und Unterhitze vorheizen. Blumenkohl mit Leinsamen, Mandeln, Knoblauch, 1 TL Salz und Oregano verkneten und auf einem mit Backpapier ausgelegten Blech verteilen. Im Backofen etwa 15 Minuten backen.

4 Inzwischen für den Belag die Aubergine und die Tomaten waschen. Zwiebel schälen. Pilze putzen. Alles klein schneiden.

5 Den Teig mit den passierten Tomaten bestreichen, mit den Kräutern bestreuen und mit Pilzen, Zwiebel, Aubergine und Tomaten belegen. In 5 bis 10 Minuten fertig backen.

6 Inzwischen den Rucola verlesen, waschen und trocken schleudern. Die fertige Pizza damit belegen und mit Hanfsamen bestreuen.

Tipp:
Du kannst statt einer großen Pizza auch mehrere Mini-Pizzen backen.

GEMÜSEQUICHE MIT CASHEWCREME

Quiche geht immer! Ob du sie direkt warm aus dem Ofen oder lieber als kalten Snack genießt, bleibt ganz dir überlassen. Als Kind war ein Stück Quiche für mich wie ein herzhaftes Stück Kuchen und so ist es bis heute geblieben.

1 Die Cashewkerne für den Belag in heißem Wasser etwa 30 Minuten einweichen. Den Backofen auf 180 °C Ober- und Unterhitze vorheizen und eine Springform (26 cm Durchmesser) mit Öl ausfetten

2 Alle Zutaten für den Teig verkneten, in der Form verteilen und einen Rand formen.

3 Für den Belag die Zwiebeln schälen und klein schneiden. Die Möhren putzen, waschen oder schälen und auch klein schneiden. Den Brokkoli putzen, waschen und in Röschen teilen. Die Petersilie waschen, trocken schütteln und grob hacken.

4 Die Zwiebeln im Olivenöl glasig dünsten, Brokkoli und Möhren hinzugeben und zugedeckt bei mittlerer Hitze 15 Minuten garen.

5 Inzwischen das Mehl mit 6 EL Wasser verrühren. Die eingeweichten Cashewkerne in einem Sieb abtropfen lassen und mit Zitronensaft, Apfelessig und 2 TL Salz im Mixer zu einer homogenen Creme verarbeiten. Diese mit Mehlmischung, Joghurt, Muskatnuss, Petersilie, Salz und Pfeffer verrühren.

6 Das Gemüse in die Form geben und die Joghurtmischung darübergießen. Die Quiche im Backofen etwa 40 Minuten backen.

Für 4 Portionen:

Für den Belag:

150 g Cashewkerne

3 rote Zwiebeln

400 g Möhren

500 g Brokkoli

1 Bund Petersilie

2 EL Olivenöl, plus mehr für die Form

3 EL Dinkelmehl

2 EL Zitronensaft

1 TL Apfelessig

Salz

300 g Naturjoghurt oder Joghurt auf Mandelbasis

etwas frisch geriebene Muskatnuss

Pfeffer aus der Mühle

Für den Teig:

250 g Buchweizenmehl

Salz

100 g weiche Weidebutter

1 Ei

Zubereitung: 30 Minuten + 30 Minuten Einweichzeit + 40 Minuten Backzeit Minuten

Pro Portion ca. 875 kcal, 51 g F, 77 g KH, 22 g EW, 9 g BST

SOMMERROLLEN MIT ERDNUSSDIP

Wie der Name schon verrät, eignen sich Sommerrollen in der warmen Jahreszeit ideal als schnell zubereitetes und leichtes Hauptgericht. Dabei gehört der Erdnussdip einfach dazu, denn er sorgt für eine Geschmacksexplosion. Du kannst dafür natürlich alles an Gemüse benutzen und einrollen, was du zu Hause hast.

Für 2 Portionen:

1 Möhre

½ Salatgurke

1 Avocado

½ Paprikaschote

1 Bund Koriander

1 Mango

5–8 Blätter Reispapier

Für den Dip:

1 Knoblauchzehe

1 walnussgroßes Stück Ingwer

2 EL Sojasauce

Saft von ½ Limette

80 g Erdnussmus

Zubereitung: 30 Minuten

Pro Portion ca. 655 kcal,
33 g F, 65 g KH, 18 g EW, 14 g BST

1 Die Möhre putzen, waschen oder schälen. Die Gurke waschen und beides in feine Stifte schneiden. Die Avocado halbieren und den Stein entfernen. Die Avocadohälften schälen und das Fruchtfleisch in schmale Streifen schneiden. Die Paprikaschote entkernen, waschen und ebenfalls in dünne Streifen schneiden. Koriander waschen, trocken schütteln und die Blätter abzupfen. Die Mango schälen, das Fruchtfleisch auf den flachen Seiten vom Stein und in Streifen schneiden.

2 Für den Dip den Knoblauch schälen und sehr fein hacken. Den Ingwer fein reiben. Beides mit Sojasauce, Limettensaft und Erdnussmus cremig rühren.

3 Kurz vor dem Servieren die Reispapierblätter einzeln jeweils kurz in einer Schale mit warmem Wasser einweichen. Anschließend auf einen Teller legen und trocken tupfen. Die vorbereiteten Zutaten in die Mitte des Papiers legen. Dieses von beiden Seiten über die Füllung schlagen und dann von unten fest aufrollen.

4 Die Sommerrollen zusammen mit dem Dip servieren.

Tipp:
Der originale Tontopf für Tajine-Gerichte sorgt für ein besonderes Kocherlebnis.

VEGETARISCHE TAJINE

Zur marokkanischen Tajine habe ich einen ganz besonderen persönlichen Bezug und esse sie daher immer gerne. Es ist eine sehr leichte und bekömmliche Speise, die Raum zum Kreativwerden lässt, was die Gemüsewahl angeht.

Für 4 Portionen:

1 Glas Kichererbsen (Abtropfgewicht 220 g)

1 Knoblauchzehe

1 Zwiebel

2 Zucchini

1 Möhre

3 Kartoffeln

¼ Weißkohl

etwas Kokosöl

Salz und Pfeffer aus der Mühle

1 TL Ras el Hanout

1 TL Paprikapulver edelsüß

½ TL Kreuzkümmelpulver

etwas Gemüsebrühpulver

1 walnussgroßes Stück Ingwer, gerieben

4 EL Paprikamark

Für den Couscous:

250 g Couscous

½ TL Kurkumapulver

Zum Garnieren:

etwas frisch gehackte Petersilie

Zubereitung: 45 Minuten

Pro Portion ca. 433 kcal, 6 g F, 72 g KH, 16 g EW, 11 g BST

1 Die Kichererbsen in ein Sieb abgießen, kalt abbrausen und abtropfen lassen. Knoblauch und Zwiebel schälen und fein hacken. Die Zucchini waschen und in kleine Würfel schneiden. Die Möhre putzen, waschen oder schälen und in Scheiben schneiden. Die Kartoffeln schälen und in Würfel schneiden. Den Weißkohl waschen, vom Strunk befreien und ebenfalls in Würfel schneiden.

2 Das Öl in einem Topf erhitzen. Zwiebel, Knoblauch und Ingwer darin bei mittlerer Hitze andünsten. Gewürze, Ingwer und Paprikamark kurz mitrösten. Alles mit etwa 1 l Wasser ablöschen.

3 Kartoffeln und Möhre hinzugeben und bei schwacher Hitze köcheln lassen, bis sie halb gar sind. Das restliche Gemüse hinzufügen und köcheln lassen, bis alles gar ist. Die Kichererbsen dazugeben und 5 Minuten mitgaren.

4 Den Couscous mit der Kurkuma würzen und nach Packungsanweisung (mit etwas weniger Wasser als angegeben) zubereiten. Dann 1 bis 2 Kellen von der Sauce aus dem Topf darübergießen.

5 Den Couscous auf einen großen Teller oder in einer Tajine verteilen. Das Gemüse darübergeben und mit der Petersilie garnieren.

DESSERTS

Leckere Desserts erfreuen nicht nur die Seele, sondern können auch gesund und nährstoffreich sein. Schlemmen ohne Verzicht ist mein Motto – denn es kommt wie immer nur auf die richtigen Zutaten an!

KOKOS-ENERGY-BALLS

Kokosnuss-Liebhaber aufgepasst! Diese süßen Kokosnuss-Energiekugeln ohne Industriezucker sind schnell zubereitet und gesund – der perfekte Snack für zwischendurch, wenn man Lust auf etwas Süßes bekommt, oder als kleine Desserthappen. Die Datteln verleihen diesen Kokosnussbällchen eine natürliche Süße und eine herrlich klebrige Konsistenz.

1 Die Datteln entsteinen und zusammen mit Haferflocken, Mandeln, Öl, 1 Prise Salz und 1 EL Wasser im Multizerkleinerer oder Mixer zerkleinern. Es sollte ein gut formbarer Teig entstehen, der noch ein bisschen klebrig ist.

2 Anschließend aus dem Teig kleine Kugeln formen und diese in Kokosraspeln wälzen.

Für 4 Portionen:

5 Medjoul-Datteln

5 EL Haferflocken

3 EL gemahlene Mandeln

3 EL Kokosöl

Salz

einige Kokosraspel zum Wälzen

Zubereitung: 15 Minuten

Pro Portion ca. 280 kcal,
15 g F, 29 g KH, 4 g EW, 6 g BST

BANANENKUCHEN MIT BLAUBEEREN

Dieser Bananenkuchen mit Blaubeeren ist eine gesunde zuckerfreie Alternative zu konventionellen Backwaren. Anstelle von Weißmehl kommen in diesem Rezept gemahlene Haferflocken und Mandeln zum Einsatz. Die Bananen, die Dattelpaste und die Erdnussbutter sorgen für natürliche Süße und Aroma. Die Blaubeeren verleihen dem Kuchen eine fruchtige Note. Gesund und doch so lecker!

Für 8 Scheiben:

etwas Öl für die Form

100 g Blaubeeren

2 reife Bananen

150 g Naturjoghurt oder pflanzliche Alternative

5 EL Dattelpaste

5 EL Erdnussmus

100 g Haferflocken, gemahlen

60 g gemahlene Mandeln

2 TL Backpulver

Salz

Zubereitung: 15 Minuten + 45 Minuten Backzeit

Pro Scheibe ca. 250 kcal, 13 g F, 23 g KH, 8 g EW, 5 g BST

1 Den Backofen auf 200 °C Ober- und Unterhitze vorheizen und eine Kastenform (22 cm Länge) mit Öl ausfetten.

2 Die Blaubeeren verlesen, waschen und trocken tupfen. Die Bananen schälen.

3 Bananen, Joghurt, Dattelpaste, Erdnussmus und Blaubeeren im Mixer pürieren. Anschließend gemahlene Haferflocken, Mandeln, Backpulver und 1 Prise Salz untermixen.

4 Den fertigen Teig in die Form geben und im Backofen 45 Minuten backen. Vor dem Anschneiden vollständig abkühlen lassen

SÜSSE APFELSCHEIBEN

Süße Apfelscheiben – ein Klassiker von Oma! Für Fans der süßen Küche ist dieses Rezept immer zu empfehlen, denn es ist nicht nur einfach und schnell zubereitet und sehr schmackhaft, sondern auch sehr frisch und gesund. Der knackige Apfel, bestrichen mit cremigem Mandelmus und garniert mit Beeren und Minze, ist ein herrlich erfrischendes Dessert.

1 Den Apfel waschen, vierteln, entkernen und längs in feine Scheiben schneiden. Die Beeren für die Garnierung verlesen, waschen und trocken tupfen.

2 Die Apfelscheiben mit Mandelmus bestreichen oder beträufeln. Mit den Beeren und der Minze garnieren. Zum Schluss mit Hanfsamen bestreuen.

Für 2 Portionen:

1 grüner Apfel

3 EL Mandelmus

Zum Garnieren:

einige gemischte Beeren (z. B. Brombeeren, Johannisbeeren, Blaubeeren)

einige Minzeblättchen

1 EL geschälte Hanfsamen

Zubereitung: 10 Minuten

Pro Portion ca. 268 kcal,
20 g F, 16 g KH, 6 g EW, 4 g BST

GESUNDE MÜSLIRIEGEL

Müsliriegel gibt es zwar in jedem Supermarkt zu kaufen, man kann sie aber auch leicht selbst herstellen und hat so die Gewissheit, dass sie keine versteckten schädlichen Inhaltsstoffe enthalten. Die Mischung aus Haferflocken, Nüssen, Mandelmus und Honig verspricht einen knusprigen Riegel, der viel Energie und Eiweiß liefert.

Für 4 Portionen:

180 g zarte Haferflocken

3 EL Kürbiskerne

2 EL geschrotete Leinsamen

½ TL Ceylon-Zimtpulver

Salz

3 EL Mandelmus

3 EL gehackte Zartbitterschokolade oder zuckerfreie Schokodrops

2 EL Honig

Zubereitung: 15 Minuten + 3 Stunden Kühlzeit

Pro Portion ca. 405 kcal, 20 g F, 41 g KH, 13 g EW, 7 g BST

1 Haferflocken, Kürbiskerne, Leinsamen, Zimt und 1 Prise Salz in einer Schüssel vermischen. Anschließend Mandelmus, gehackte Zartbitterschokolade oder Schokodrops und Honig hinzugeben und verkneten.

2 Die Masse mit angefeuchteten Händen in eine mit Backpapier ausgelegte Auflaufform drücken und mit einem Messer in Riegel schneiden (alternativ kann auch eine Müsliriegelform verwendet werden).

3 Die Riegel zum Festwerden für 3 Stunden in den Kühlschrank stellen, aus der Form lösen und genießen.

BANANEN-HIMBEER-EIS

Dieses gesunde Fruchteis ist die perfekte Erfrischung, und das ganz ohne zugesetzten Zucker. Alleine die Bananen verleihen dem Eis seine natürliche Süße. Das Mandelmus und die Mandelmilch sorgen für einen fein-nussigen und cremigen Geschmack und machen das Ganze vegan. Dieser schnelle Eisgenuss wird dein Leben verändern, versprochen!

1 Die Bananen schälen, in kleine Stücke schneiden und in einem geeigneten Behälter über Nacht oder für mindestens 3 Stunden ins Tiefkühlfach stellen.

2 Die gefrorenen Bananenstücke mit Himbeeren, Mandelmus und Mandelmilch im Mixer pürieren, bis eine cremige Konsistenz erreicht ist. Das Eis sofort genießen.

Für 2 Portionen:

3 reife Bananen

150 g TK-Himbeeren

2 EL Mandelmus

50 ml Mandelmilch

Zubereitung: 10 Minuten + 3 Stunden Kühlzeit

Pro Portion ca. 290 kcal, 13 g F, 34 g KH, 6 g EW, 7 g BST

KURKUMA-HAFERFLOCKEN-KEKSE

Knusprig, gesund, schnell und supereinfach zubereitet: Dieses Rezept für Kurkuma-Haferflocken-Kekse zählt nur wenige Zutaten, ist im Handumdrehen gebacken und schmeckt jeden Tag gut. Statt Zucker werden natürliche Süßungsmittel wie Honig und saftiges Apfelmus verwendet. Weißmehl wird ersetzt durch Haferflocken, Mandeln und Dinkelmehl.

Für 6 Portionen:

80 g weiche Weidebutter
1 Ei
70 g Honig
60 g Apfelmus
etwas Kurkumapulver
150 g Haferflocken
100 g gemahlene Mandeln
5 EL gekeimtes Dinkelmehl

Zubereitung: 15 Minuten + 15 Minuten Backzeit

Pro Portion ca. 375 kcal, 23 g F, 32 g KH, 10 g EW, 5 g BST

1 Den Backofen auf 180 °C Umluft vorheizen.

2 Butter, Ei, Honig, Apfelmus und 1 Prise Kurkumapulver im Mixer cremig pürieren.

3 Anschließend die Masse mit den restlichen Zutaten in einer Schüssel vermengen. Den Teig mit den Händen zu gleich großen Kugeln formen, diese auf einem mit Backpapier ausgelegten Blech verteilen und etwas platt drücken.

4 Die Kekse im Backofen in etwa 15 Minuten goldbraun backen.

Tipp:
Die Kekse eignen sich auch als gesunder Snack für Kinder!

BRATAPFEL-CRUMBLE

Nicht nur im Winter macht dieses klassische und gesundes Dessert viel her. Auch zu jeder anderen Jahreszeit kann sich Bratapfel-Crumble gut sehen und natürlich schnell vernaschen lassen. Er ist definitiv ein optischer Hingucker und hält auch geschmacklich, was das Auge verspricht: knusprig, nussig, fruchtig, lecker!

1 Den Backofen auf 180 °C Ober- und Unterhitze vorheizen.

2 Die Äpfel waschen und vier davon von oben mit einem Messer einstechen und dann mit einem Löffel aushöhlen. Je größer das Loch, umso mehr Füllung passt rein und umso schneller werden die Äpfel gar.

3 Das Ausgehöhlte (bis auf die Kerne und den Strunk) klein schneiden und in eine Schüssel geben. Den übrig gebliebenen Apfel schälen, entkernen, klein schneiden und mit in die Schüssel geben. Zimt, Rosinen, Speisestärke oder Guarkernmehl und Nüsse nach Belieben hinzufügen und alles gut miteinander vermengen.

4 Die ausgehöhlten Äpfel in eine Auflaufform stellen und mit der Füllung befüllen. Anschließend im Backofen etwa 15 Minuten backen.

5 Inzwischen für den Crumble Haferflocken, Dinkelmehl, Dattelzucker, Vanille, 1 Prise Salz und Weidebutter mit den Händen zu Streuseln verarbeiten.

6 Die Streusel auf die Äpfel geben und diese weitere 10 bis 15 Minuten backen, bis sie weich sind und die Streusel goldbraun. Direkt servieren.

Für 5 Portionen:

5 Äpfel

1 TL Ceylon-Zimtpulver

1 EL Rosinen

1 EL Speisestärke oder Guarkernmehl

3 EL Nusskerne nach Wahl, gehackt

Für den Crumble:

80 g zarte Haferflocken

5 EL gekeimtes Dinkelmehl

4 EL Dattelzucker

½ TL gemahlene Vanille

Salz

70 g weiche Weidebutter

Zubereitung: 30 Minuten + 10–15 Minuten Backzeit

Pro Portion ca. 355 kcal, 17 g F, 42 g KH, 5 g EW, 5 g BST

SCHOKOBANANEN MIT ERDNÜSSEN

Schneller kann ein Dessert wohl kaum zubereitet werden! Diese ganz besonderen Schokobananen schmecken köstlich und sind für alle Naschkatzen geeignet. Vier Zutaten reichen aus, um dieses einmalige Dessert zu zaubern, das reichlich Kalium, Kalzium und Magnesium zu bieten hat. Gut fürs Gewissen!

Für 2 Portionen:

2 Bananen

50 g Zartbitterschokolade

5 EL Mandelmus

3 EL gehackte Erdnüsse

Zubereitung: 20 Minuten

Pro Portion ca. 630 kcal,
45 g F, 39 g KH, 15 g EW, 17 g BST

1 Die Bananen schälen, in der Mitte und dann der Länge nach halbieren.

2 Die Zartbitterschokolade hacken und in einer Metallschüssel über dem heißen Wasserbad unter Rühren schmelzen.

3 Die Bananen mit Mandelmus bestreichen und je zwei Hälften auf einen Teller legen. Die gehackten Erdnüsse darauf verteilen und alles mit der geschmolzenen Schokolade verzieren. Die Schokobananen kurz in den Kühlschrank stellen, bis die Schokolade hart geworden ist. Genießen!

Tipp:
Je dunkler die Schokolade, desto mehr Kakao und damit auch mehr Magnesium!

FRUCHTIGES SCHOKO-MOUSSE MIT MINZE

Dieses pfiffige Dessert geht immer! Kakao ist schließlich der Magnesiumlieferant schlechthin. Durch die (sehr) reifen Kakis entsteht eine einzigartig cremige Konsistenz sowie angenehm fruchtige Süße. Die Minzblätter sorgen außerdem für eine leichte Frische, die sich beim Zergehen auf der Zunge entfaltet.

Für 2 Portionen:

1 Vanilleschote

2 reife Kakis

3 Minzeblättchen, plus mehr zum Garnieren

2 EL Kakaopulver

Zubereitung: 15 Minuten

Pro Portion ca. 120 kcal,
2 g F, 19 g KH, 3 g EW, 5 g BST

1 Die Vanilleschote längs aufschneiden und das Mark herauskratzen. Die Kakis waschen, vierteln und dabei den Strunk entfernen. Die Minze waschen und trocken tupfen.

2 Die Kakis mit Kakaopulver, Vanillemark und Minzeblättchen im Mixer oder in einem hohen Gefäß mit dem Stabmixer fein pürieren.

3 Die Schokomousse auf zwei Gläser verteilen und mit Minze garnieren.

Tipp:
Wer es gern süßer mag, kann mit Dattelsirup süßen.

TAHIN-FUDGE MIT HIMBEEREN

Dieses Dessert ist außergewöhnlich – außergewöhnlich gut! Die Kombination aus Sesampaste und dunkler Schokolade wird dich umhauen. Ich bevorzuge frische Himbeeren, da sie eine zusätzliche säuerliche Komponente einbringen. Das Beste an diesem Rezept ist, dass man die Zutaten dafür meist schon zu Hause hat.

Für 2 Portionen:

1 Handvoll Himbeeren

125 g zuckerfreie Zartbitterschokolade

100 g Tahin (Sesampaste)

Gewürze nach Belieben (z. B. Ceylon-Zimtpulver, Kurkumapulver, frisch geriebene Muskatnuss, Kardamompulver)

Meersalzflocken

einige gefriergetrocknete Himbeeren (optional)

Zubereitung: 20 Minuten + 1–2 Stunden Kühlzeit

Pro Portion ca. 650 kcal, 48 g F, 40 g KH, 14 g EW, 4 g BST

1 Die frischen Himbeeren verlesen, waschen und trocken tupfen.

2 Die Zartbitterschokolade hacken und in einer Metallschüssel über dem heißen Wasserbad unter Rühren schmelzen. Tahin und Gewürze hinzufügen und alles gut verrühren.

3 Himbeeren in eine Silikonform mit einzelnen Fächern (beispielsweise eine Eiswürfelform) legen. Die Schokoladen-Tahin-Masse auf die Fächer verteilen und mit Salz bestreuen. Nach Belieben zusätzlich mit zerbröselten gefriergetrockneten Himbeeren toppen.

4 Die Form für 1 bis 2 Stunden in den Kühlschrank stellen, bis die Masse hart geworden ist und sich leicht aus der Form drücken lässt.

Tipp:
Du kannst auch gefriergetrocknete oder tiefgekühlte Himbeeren verwenden.

DER 6-WOCHEN-PLAN

Dieser Ernährungsplan soll dir den Einstieg in eine Anti-Entzündungs-Ernährung erleichtern. Zur zusätzlichen Entsäuerung lege ich dir für Woche 2 und 6 das Abendritual eines Entsäuerungs-Smoothies ans Herz. Und wenn du willst, kannst du zusätzlich jeden Morgen mit einem Zitronenwasser auf nüchternen Magen starten (siehe Seite 37). Nach den sechs Wochen hast du vielleicht schon eine eigene Routine entwickelt oder du möchtest einfach den Plan von vorne beginnen. Alles, was für dich funktioniert, um eine antientzündliche Ernährung in deinen Alltag zu integrieren, ist erlaubt!

WOCHE 1	Frühstück	Mittagessen	Abendessen	Snacks
Montag	Grüne Smoothie-Bowl (siehe Seite 62)	Buchweizen-Risotto mit Kartoffelpuffern (siehe Seite 132)	Grüner Kartoffelsalat (siehe Seite 104)	Kurkuma-Haferflocken-Kekse (siehe Seite 172)
Dienstag	Apfel-Zimt-Porridge (siehe Seite 70)	Vollkornpasta mit Kürbiskernpesto (siehe Seite 140)	Gemüsequiche mit Cashewcreme (siehe Seite 155)	Goldene Milch (siehe Seite 69)
Mittwoch	Warmer Frühstücks-auflauf mit Früchten (siehe Seite 57)	Bunte Protein-Bowl mit Gerstengraupen (siehe Seite 139)	Darmfutter-Körnerbrot (siehe Seite 73) mit saftigem Kimchi (siehe Seite 116)	Kokos-Energy-Balls (siehe Seite 163)
Donnerstag	Overnight-Chia-Oats mit Sanddorn (siehe Seite 77)	Ratatouille-Pfanne mit Rinderfilet (siehe Seite 148)	Orientalischer Herbstsalat mit Hirse (siehe Seite 107)	Bratapfel-Crumble (siehe Seite 175)
Freitag	Blaubeer-Chia-Pudding (siehe Seite 58)	Apfel-Sellerie-Salat (siehe Seite 88)	Eintopf mit Sellerie und Zucchini (siehe Seite 143)	Bananenkuchen mit Blaubeeren (siehe Seite 164)
Samstag	Pikante Frühstücks-muffins (siehe Seite 82)	Gefüllter Chicorée mit Gurkensalat (siehe Seite 135)	Vegetarische Tajine (siehe Seite 159)	Fruchtiges Schoko-mousse mit Minze (siehe Seite 179)
Sonntag	Vollkornbrot mit Avocado & Kichererbsen (siehe Seite 65)	Salat mit gebackenen Süßkartoffeln (siehe Seite 96)	Rote-Linsen-Dal (siehe Seite 151)	Süße Apfelscheiben (siehe Seite 167)

WOCHE 2	Frühstück	Mittagessen	Abendessen	Vor dem Zubettgehen
Montag	Dinkel-Pancakes mit Orangen-Chutney (siehe Seite 74)	Pistazien-Lachs mit Linsenreissalat (siehe Seite 147)	Minz-Taboulé (siehe Seite 92)	Entsäuerungs-Smoothie (siehe Seite 35)
Dienstag	Darmfutter-Körnerbrot (siehe Seite 73) mit Beeren-Chia-Konfitüre (siehe Seite 81)	Salat mit gebackenen Süßkartoffeln (siehe Seite 96)	Kartoffel-Zucchini-Lachs-Auflauf (siehe Seite 131)	Entsäuerungs-Smoothie (siehe Seite 35)
Mittwoch	Cremiger Süßkartoffel-Vanille-Smoothie (siehe Seite 61)	Mediterrane Hähnchen-Bowl mit Zaziki (siehe Seite 144)	Pflaumen-Avocado-Salat mit Petersilie (siehe Seite 103)	Entsäuerungs-Smoothie (siehe Seite 35)
Donnerstag	Schnelles Pfannen-Granola (siehe Seite 78)	Sommerrollen mit Erdnussdip (siehe Seite 156)	Vollkornpasta mit Kürbiskernpesto (siehe Seite 140)	Entsäuerungs-Smoothie (siehe Seite 35)
Freitag	Apfel-Zimt-Porridge (siehe Seite 70)	Salat mit weißen Riesenbohnen (siehe Seite 87)	Thailändischer Glasnudelsalat (siehe Seite 111)	Entsäuerungs-Smoothie (siehe Seite 35)
Samstag	Warmer Frühstücks-auflauf mit Früchten (siehe Seite 57)	Feel-Good-Pizza mit Blumenkohlteig (siehe Seite 152)	Grüner Kartoffelsalat (siehe Seite 104)	Entsäuerungs-Smoothie (siehe Seite 35)
Sonntag	Goldene Milch (siehe Seite 69)	Fenchel-Orangen-Salat (siehe Seite 100)	Gemüsequiche mit Cashewcreme (siehe Seite 155)	Entsäuerungs-Smoothie (siehe Seite 35)

WOCHE 3	Frühstück	Mittagessen	Abendessen	Snacks
Montag	Blaubeer-Chia-Pudding (siehe Seite 58)	Vegetarische Tajine (siehe Seite 159)	Orientalischer Herbstsalat mit Hirse (siehe Seite 107)	Gesunde Müsliriegel (siehe Seite 168)
Dienstag	Darmfutter-Körnerbrot (siehe Seite 73) mit Schoko-Früh-stücksaufstrich (siehe Seite 66)	Kartoffel-Zucchini-Lachs-Auflauf (siehe Seite 131)	Rote-Linsen-Dal (siehe Seite 151)	Gemüsesticks mit Hummus (siehe Seite 112)
Mittwoch	Grüne Smoothie-Bowl (siehe Seite 62)	Vollkornpasta mit Kürbiskernpesto (siehe Seite 140)	Darmfutter-Körnerbrot (siehe Seite 73) mit saftigem Kimchi (siehe Seite 116)	Tahin-Fudge mit Himbeeren (siehe Seite 180)
Donnerstag	Goldene Milch (siehe Seite 69)	Rotkohl-Mango-Salat (siehe Seite 91)	Buchweizen-Risotto mit Kartoffelpuffern (siehe Seite 132)	Bananenkuchen mit Blaubeeren (siehe Seite 164)
Freitag	Pikante Frühstücks-muffins (siehe Seite 82)	Bunte Protein-Bowl mit Gerstengraupen (siehe Seite 139)	Minz-Taboulé (siehe Seite 92)	Fruchtiges Schokomousse mit Minze (siehe Seite 179)
Samstag	Overnight-Chia-Oats mit Sanddorn (siehe Seite 77)	Ratatouille-Pfanne mit Rinderfilet (siehe Seite 148)	Feel-Good-Pizza mit Blumenkohlteig (siehe Seite 152)	Nüsse und/oder Trockenobst und/oder Zartbitterschokolade ohne Zucker
Sonntag	Apfel-Zimt-Porridge (siehe Seite 70)	Mediterraner Salat (siehe Seite 95)	Gefüllter Chicorée mit Gurkensalat (siehe Seite 135)	Gesunde Müsliriegel (siehe Seite 168)

WOCHE 4	Frühstück	Mittagessen	Abendessen	Snacks
Montag	Dinkel-Pancakes mit Orangen-Chutney (siehe Seite 74)	Salat mit gebackenen Süßkartoffeln (siehe Seite 96)	Pistazien-Lachs mit Linsenreissalat (siehe Seite 147)	Goldene Milch siehe Seite 69)
Dienstag	Darmfutter-Körnerbrot (siehe Seite 73) mit Beeren-Chia-Konfitüre (siehe Seite 81)	Fenchel-Orangen-Salat (siehe Seite 100)	Thailändischer Glasnudelsalat (siehe Seite 111)	Bratapfel-Crumble (siehe Seite 175)
Mittwoch	Cremiger Süßkartoffel-Vanille-Smoothie (siehe Seite 61)	Orientalischer Herbstsalat mit Hirse (siehe Seite 107)	Gemüsequiche mit Cashewcreme (siehe Seite 155)	Kokos-Energy-Balls (siehe Seite 163)
Donnerstag	Schnelles Pfannen-Granola (siehe Seite 78)	Paprika-Brokkoli-Salat (siehe Seite 99)	Grüner Kartoffelsalat (siehe Seite 104)	Kurkuma-Haferflocken-Kekse (siehe Seite 172)
Freitag	Goldene Milch (siehe Seite 69)	Pflaumen-Avocado-Salat mit Petersilie (siehe Seite 103)	Minz-Taboulé (siehe Seite 92)	Bananenkuchen mit Blaubeeren (siehe Seite 164)
Samstag	Vollkornbrot mit Avocado & Kichererbsen (siehe Seite 65)	Sommerrollen mit Erdnussdip (siehe Seite 156)	Eintopf mit Sellerie und Zucchini (siehe Seite 143)	Gemüsesticks mit Hummus (siehe Seite 112)
Sonntag	Pikante Frühstücksmuffins (siehe Seite 82)	Rote-Linsen-Dal (siehe Seite 151)	Mediterrane Hähnchen-Bowl mit Zaziki (siehe Seite 144)	Süße Apfelscheiben (siehe Seite 167)

WOCHE 5	Frühstück	Mittagessen	Abendessen	Snacks
Montag	Grüne Smoothie-Bowl (siehe Seite 62)	Apfel-Sellerie-Salat (siehe Seite 88)	Buchweizen-Risotto mit Kartoffelpuffern (siehe Seite 132)	Tahin-Fudge mit Himbeeren (siehe Seite 180)
Dienstag	Warmer Frühstücksauflauf mit Früchten (siehe Seite 57)	Ratatouille-Pfanne mit Rinderfilet (siehe Seite 148)	Darmfutter-Körnerbrot (siehe Seite 73) mit saftigem Kimchi (siehe Seite 116)	Nüsse und/oder Trockenobst und/oder Zartbitterschokolade ohne Zucker
Mittwoch	Apfel-Zimt-Porridge (siehe Seite 70)	Möhren Gurken Salat (siehe Seite 108)	Kartoffel-Zucchini-Lachs-Auflauf (siehe Seite 131)	Goldene Milch (siehe Seite 69)
Donnerstag	Overnight-Chia-Oats mit Sanddorn (siehe Seite 77)	Vollkornpasta mit Kürbiskernpesto (siehe Seite 140)	Thailändischer Glasnudelsalat (siehe Seite 111)	Kurkuma-Haferflocken-Kekse (siehe Seite 172)
Freitag	Darmfutter-Körnerbrot (siehe Seite 73) mit Schoko-Frühstücksaufstrich (siehe Seite 66)	Rotkohl-Mango-Salat (siehe Seite 91)	Vegetarische Tajine (siehe Seite 159)	Fruchtiges Schokomousse mit Minze (siehe Seite 179)
Samstag	Dinkel-Pancakes mit Orangen-Chutney (siehe Seite 74)	Paprika-Brokkoli-Salat (siehe Seite 99)	Feel-Good-Pizza mit Blumenkohlteig (siehe Seite 152)	Süße Apfelscheiben (siehe Seite 167)
Sonntag	Blaubeer-Chia-Pudding (siehe Seite 58)	Mediterrane Hähnchen-Bowl mit Zaziki (siehe Seite 144)	Grüner Kartoffelsalat (siehe Seite 104)	Gesunde Müsliriegel (siehe Seite 168)

WOCHE 6	Frühstück	Mittagessen	Abendessen	Vor dem Zubettgehen
Montag	Darmfutter-Körnerbrot (siehe Seite 73) mit Beeren-Chia-Konfitüre (siehe Seite 81)	Sommerrollen mit Erdnussdip (siehe Seite 156)	Fenchel-Orangen-Salat (siehe Seite 100)	Entsäuerungs-Smoothie (siehe Seite 35)
Dienstag	Vollkornbrot mit Avocado & Kichererbsen (siehe Seite 65)	Mediterraner Salat (siehe Seite 95)	Thailändischer Glasnudelsalat (siehe Seite 111)	Entsäuerungs-Smoothie (siehe Seite 35)
Mittwoch	Blaubeer-Chia-Pudding (siehe Seite 58)	Pistazien-Lachs mit Linsenreissalat (siehe Seite 147)	Orientalischer Herbstsalat mit Hirse (siehe Seite 107)	Entsäuerungs-Smoothie (siehe Seite 35)
Donnerstag	Schnelles Pfannen-Granola (siehe Seite 78)	Salat mit gebackenen Süßkartoffeln (siehe Seite 96)	Vegetarische Tajine (siehe Seite 159)	Entsäuerungs-Smoothie (siehe Seite 35)
Freitag	Cremiger Süßkartoffel-Vanille-Smoothie (siehe Seite 61)	Bunte Protein-Bowl mit Gerstengraupen (siehe Seite 139)	Grüner Kartoffelsalat (siehe Seite 104)	Entsäuerungs-Smoothie (siehe Seite 35)
Samstag	Pikante Frühstücksmuffins (siehe Seite 82)	Möhren-Gurken-Salat (siehe Seite 108)	Eintopf mit Sellerie und Zucchini (siehe Seite 143)	Entsäuerungs-Smoothie (siehe Seite 35)
Sonntag	Dinkel-Pancakes mit Orangen-Chutney (siehe Seite 74)	Salat mit weißen Riesenbohnen (siehe Seite 87)	Gefüllter Chicorée mit Gurkensalat (siehe Seite 135)	Entsäuerungs-Smoothie (siehe Seite 35)

NACHWORT

In diesem Buch habe ich dir nun gezeigt, mit welchen Tipps und Tricks ich ein ganzes Stück weitergekommen bin und wie ich es geschafft habe, mein Immunsystem nachhaltig zu stärken, sodass ich erneute Entzündungen vermeiden konnte. Sicherlich unterscheidet sich mein Weg von deinem, da wir – gerade was unsere Gesundheit angeht – von unterschiedlichen Konstitutionen ausgehen müssen.

Jedoch wirkt sich eine basische Ernährung auf jeden Körper antientzündlich aus. Gepaart mit meinen weiteren Tipps – wie beispielsweise zur Schlafhygiene oder zur Resilienz – schaffst auch du es, konsequent dranzubleiben und dein Leben und deine Ernährung so umzukrempeln, dass du dich wieder wohl in deinem Körper fühlst!

Ja, eine derartige Umgestaltung des eigenen Lebens kostet Mut und auch Kraft – und ja, es wird Tage geben, an denen es dir leichter fällt, und Tage, an denen es unheimlich schwer ist dranzubleiben. Aber auch das darfst du dir erlauben, denn niemand ist perfekt! Fang klein an und versuche dir vielleicht erst mal von nun an ein morgendliches Zitronenwasser zuzubereiten. Es kommt einzig und allein darauf an, dass du nach und nach die Veränderungen in deinen Alltag integrierst. Denn sich gesund zu ernähren heißt nicht, auf Gutes verzichten zu müssen, sondern es durch Besseres zu ersetzen!

Schlussendlich möchte ich dir für deinen weiteren Weg noch zwei Zitate an die Hand geben, die mich jeden Tag aufs Neue begleiten und mein Leben so immer etwas „leichter" werden lassen: „Die Dosis macht das Gift" und „Klasse statt Masse" – denn es steht und fällt alles mit der Qualität der Lebensmittel, die du isst, und falls etwas dabei sein sollte, das du als „ungesund" betrachtest, darfst du es ab und an in Maßen trotzdem mal genießen!

SACHREGISTER

QUELLENNACHWEIS

[1] Long-COVID-Symptome als Folge einer EBV-Reaktivierung? Unter: *https://dgn.org/artikel/1913* (abgerufen am 5.1.2023).

[2] Birkelbach, D.: Wenn Arzneimittel im Alter zu Nährstoffräubern werden. Unter: *https://www.der-niedergelassene-arzt.de/kommcenter/biofaktoren/news-details/biofaktoren/wenn-arzneimittel-im-alter-zu-naehrstoffraeubern-werden* (abgerufen am 5.1.2023).

[3] Wehrmüller, K.: Gesundheitlicher Nutzen von Omega-3-Fettsäuren und die Bedeutung von Alp-Produkten für die Zufuhr. Unter: *https://www.ernaehrungs-umschau.de/fileadmin/Ernaehrungs-Umschau/pdfs/pdf_2008/11_08/EU11_655_661.qxd.pdf* (abgerufen am 5.1.2023).

[4] Rauschecker, L.: Butter bei Öko-Test: 14 von 20 Marken sind „ungenügend". Unter: *https://utopia.de/ratgeber/butter-test-oekotest-mineraloel-tierhaltung-marken-mineraloel* (abgerufen am 5.1.2023).

[5] Davis, D. R., Epp, M. D. & Riordan, H. D.: Changes in USDA food composition data for 43 garden crops, 1950 to 1999. Unter: *https://pubmed.ncbi.nlm.nih.gov/15637215* (abgerufen am 5.1.2023).

[6] Biodynamische Landwirtschaft. Unter: *https://www.demeter.de/biodynamisches/landwirtschaft* (abgerufen am 5.1.2023).

[7] Vitamin-B12-Mangel: Wenn die Nerven leiden. Unter: *https://www.ndr.de/ratgeber/gesundheit/Vitamin-B12-Mangel-Wenn-die-Nerven-leiden,vitamine144.html* (abgerufen am 5.1.2023).

REZEPTREGISTER

EIN GEDANKE ZUM SCHLUSS

Ich möchte dir nun zum Schluss noch einen kleinen Denkanstoß mit auf den Weg geben, durch den du in Zukunft die so sehr in Vergessenheit geratenen Selbstheilungskräfte deines Körpers vielleicht wieder mehr in den Fokus rücken kannst. Es wäre so wichtig, diese in den (unterbewussten) Gedanken und Glaubenssätzen der folgenden Generation bereits von klein auf zu integrieren.

Welchen Unterschied würde es wohl machen, wenn du deinem Kind, würde es sich das Knie beim Spielen aufschlagen, kein Pflaster und Cremes zur Linderung herbeiholtest, sondern einfach nur ruhig, fürsorglich und versichernd sagtest: „Vertraue darauf, dein Knie wird von selbst heilen, hab keine Sorge"? Damit hättest du nicht nur recht, sondern du würdest deinem Kind auch den Zugang zum Vertrauen in den eigenen Körper schenken. Denn: Dass dieser in der Lage ist, (Selbst-)Heilungskräfte zu entwickeln, und das Knie zum „Heilwerden" eigentlich gar keine äußeren Hilfsmittel benötigt, wissen wir alle.

Oft sind es die Diagnosen („unheilbar krank", „chronisch krank"), die uns wirklich krank machen, weil sie uns wie ein Etikett aufgedruckt werden. Dadurch verlieren wir jegliche Zuversicht und das Vertrauen in das „Wieder-heil-Werden". Man darf nie vergessen, dass Diagnosen eigentlich nur eine Einordnung von Symptomen sind. So bekam auch ich unzählige Diagnosen gestellt, galt aus schulmedizinischer Sicht als „austherapiert" und „hoffnungsloser Fall", was mich schließlich fast dazu brachte, den Lebenswillen zu verlieren.

Im Nachhinein betrachtet waren alle früheren Diagnosen, die mir in über zehn Jahren aufgehalst worden waren, falsch und die eine wahre Diagnose, nämlich die Adhäsionen (Verwachsungen), konnte auf Entzündungen zurückgeführt werden. Und diese können wir – wie du nun weißt – selbst beeinflussen und wieder in den Griff bekommen.

Bitte versuche zudem zu verinnerlichen, dass es etliche und unzählige (wissenschaftliche) Beweise dafür gibt, dass Gedanken oft stärker sind als Medizin. Gäbe es sonst den Placeboeffekt?

ZUR AUTORIN

Saskia Johanna Rosenow absolvierte nach ihrem Studium der Bildungswissenschaften mit Schwerpunkt Trauma eine Ausbildung zur ganzheitlichen Gesundheits- und Ernährungsberaterin. Ihre eigene Geschichte ließ sie die Leidenschaft für das Zusammenspiel von Körper, Geist und Seele für eine nachhaltige Gesundheit entdecken: Aufgrund langjähriger, starker chronischer Schmerzen begann ihre Reise zu einer besseren Gesundheit. Dadurch erkannte sie die Wichtigkeit, Gesundheit ganzheitlich zu betrachten. Durch ihr heutiges Tun möchte sie ihren reichen Wissensschatz weitergeben. Auf YouTube und Instagram begeistert sie damit zahlreiche Follower – und auch in (Online-)Kursen teilt sie ihre Erfahrungen, vor allem zu ihrem Herzensthema der Anti-Entzündungs-Ernährung.

FOOD FOTOS

Im Buch enthaltene Fotos können zur eigenen Nutzung erworben werden unter www.stockfood.de

IMPRESSUM

Hinter jedem tollen Buch steckt ein starkes Team

Projektleitung: *Nadine Widl, Stephan Strauß*
Redaktionelle Mitarbeit: *Franz Jentzsch*
Texte: *Saskia Johanna*
Rezepte: *Beatrice Becker*
Lektorat: *Franziska Sorgenfrei*
Covergestaltung: *31Media GmbH, Bianca Domula und Stephanie Willing*
Grafische Gestaltung und Satz: *31Media GmbH, Stephanie Willing*
People-/Foodfotografie und Foodstyling: *31Media GmbH, Ben Fuchs, Pedro Torres*
Weitere Fotos: *Shutterstock, StockFood*
Herstellung: *Frank Jansen*
Producing: *Jan Russok*
Druck & Bindung: *Mohn Media Mohndruck GmbH*

6. Auflage 2025

Neumühlen 17, 22763 Hamburg
ISBN: 978-3-96584-326-4
Redaktionsanschrift:
ZS, Edel Verlagsgruppe GmbH,
Kaiserstraße 14b, 80801 München
www.zsverlag.de/kontakt
www.edelverlagsgruppe.de/kontakt

LIEBE LESERINNEN, LIEBE LESER,

wie schön, dass Sie ein Buch von ZS in den Händen halten. „jetzt leben!“ ist das Motto unseres Verlages. Es steht für Genuss und Inspiration, Unterstützung und Motivation. Ob Kulinarik oder Fitness, Gesundheit oder Lebenshilfe – seit über 30 Jahren bieten wir kompetente Ratgeber für (fast) alle Lebenslagen. Wir lieben Tradition genauso wie Innovation – sie treiben uns an. Unsere Autorinnen und Autoren sind Menschen, die zu ihrem Thema wirklich etwas zu sagen und zu schreiben haben. Unsere Produkte sind erzählerisch, appetitmachend und als gedruckte Bücher haptisch echte Erlebnisse. Für Sie mit ganz viel Liebe gemacht! Entdecken Sie mehr aus unserer wunderbaren Welt!

UNSER VERLAGSHAUS

Mit Standorten in Hamburg und München zählt die Edel Verlagsgruppe zu den größten unabhängigen Buchanbietern Deutschlands. Zur Edel Verlagsgruppe gehört unter anderem ZS mit seinen Lizenzmarken Dr. Oetker Verlag, Kochen & Genießen und Phaidon by ZS.

ZS - Ein Verlag der Edel Verlagsgruppe
www.zsverlag.de
www.facebook.com/zsverlag
www.instagram.com/zsverlag

HINWEIS

Die Ratschläge in diesem Buch wurden mit größter Sorgfalt von Autorin und Verlag erarbeitet und geprüft. Eine Garantie kann jedoch nicht übernommen werden. Ebenso ist eine Haftung der Autorin bzw. des Verlags und seiner Beauftragten für Personen-, Sach- oder Vermögensschäden ausgeschlossen. Erkrankungen mit ernstem Hintergrund gehören in ärztliche Behandlung! Bei bereits bestehenden Beschwerden kann das Buch daher keinen fachärztlichen Rat ersetzen.

NEWSLETTER

Was koche ich heute Feines? Und wie geht das – schmackhaft und gesund?

Melden Sie sich jetzt zum ZS-Genuss-Service an und verpassen Sie keine kulinarischen und gesundheitlichen Trends mehr.
Wir informieren Sie regelmäßig über unsere Neuerscheinungen, Aktionen oder Gewinnspiele und verraten Ihnen unsere Lieblingsrezepte!

GEWINNEN

Unter allen Neuabonnierenden verlosen wir jeden Monat eine *ZS-Genuss-Box* im Wert von 75,00 €.

Jetzt anmelden unter:
www.zsverlag.de/newsletter
oder den QR Code scannen:

ANMELDEN!